本の本

夢眠書店、はじめます

夢眠ねむ

新潮社

本の本＊目次

はじめに　6

第1話　ついたくさん買っちゃう本屋さんの秘密　9
有隣堂ヨドバシAKIBA店店長　宮尾美貴子

第2話　ねむ店長の師匠!?　独立系書店の作り方　25
Title店主　辻山良雄

第3話　ブック・コーディネーターという仕事　39
numabooks代表　内沼晋太郎

第4話　POP王直伝！　見る者を惹きつけるPOP作りの極意　53
三省堂書店営業企画室　内田剛

写真　チェリーマン／メイク　光野ひとみ
装幀　夢眠ねむ ＆ 新潮社装幀室／題字　夢眠ねむ

はじめに

あなたは、「本」が好きですか？

この本は文字通り、小説でもなければ写真集でもない、「本」そのものについての本です。私は本が好きです。そして、なにより本屋さんが大好き！　一度行けば両手に紙袋をぶら下げて帰るほど。しかしある時、深刻な本離れによって本屋さんが減っているというニュースを知ってから、心がざわついていました。

私自身、ネットで本を買えるシステムも便利でよく利用するし、電子書籍にもお世話になっています。そういわれてみれば、昔より本屋さんに行って本を買うことが減ってしまったかもしれない。本も、本に出会える本屋という場所も大好きな私ですらそうなのだから、このままでは本屋さんや紙の本がすっかりなくなってしまうのでは……と怖くなりました。

読書が好きなアイドルとして出版社さんのイベントに出演したり、取材を受ける機会が良くあるのですが、どこに行ってもみなさんに「本を好きでいてくれてありがとうございます」「本を読んで偉いですねえ」と感謝やお褒めの言葉をもらうようになりました。そのこと自体はすごく嬉しいのですが、自分にとって自然だった「本が好きなこと」を感謝される、褒められるということに違和感を覚えました。もしかしたら……「読書をする」ということが私が思うよりも自然なことではなくなっているのかもしれない！　そう思い、本好きのひとりとして、非力でも本のために何かできることはないかと考えていた時、ＷＥＢサイト「ほんのひきだし」の方に、本についての連載「夢眠書店開店日記」のお話をいただきました。

本が大好きなアイドル夢眠ねむが「夢眠書店」をいつか開店させるために、本について学ぶという内容です。これぞ渡りに船、私にも本の業界のために何かできるかもしれない。本が好きな人にも、本が苦手な人にも愛される本屋を作りたい!!　そんな思いを胸に、取材をしてみると、今まで気付かなかったことにたくさん出会えました。

一冊の本が、あなたの手に届くまでの物語を、一緒に辿《たど》りましょう！

第1話　ついたくさん買っちゃう本屋さんの秘密

いざ本屋さんを作ろうといったところで、さて、何から始めようか。まずは実際に本屋さんで働いている書店員さんに話を聞きに行こう！　そう思った夢眠ねむは本屋さんを訪ねることにしました。

今回お話を伺うのは、有隣堂の宮尾店長。馴染《なじ》みの秋葉原ということで、プライベートでもふらりと遊びに訪れることもあるそうです。

ねむちゃんが「来るとついたくさん買ってしまう」という本屋さんに、魅力的なお店作りの秘密を聞き込みに行きます。

今回の対談相手

宮尾美貴子

有隣堂ヨドバシAKIBA店 店長

有隣堂横浜駅西口店を皮切りに、お店一筋20数年。
「有言実行」をモットーに、お客様に愛され、店員も
楽しく仕事ができる店作りに日夜励んでいる。
得意技は高速カバー折り。

本屋さんってどんな仕事？

夢眠　今日はよろしくお願いします。まず「本屋さんはどんな仕事なのか」をお伺いしたいのですが、毎日たくさん送られてくる本の置き場所って、どう決めているんですか？

宮尾　基本的には「このジャンルはこの場所」っていうのが決まっていて、例えば株関係の本ならこっちの金融の棚に置きますとか、芸能関係はこの棚に置きますという風に決まってはいるんです。ただ、全部が全部システマチックに置いているのではなく、その中で「やっぱりこの本は売りたい」と思ったら別のところに置くし、「この本は経済の本だけど、書いている人が有名だし、文芸書のエッセイのところでも売れる」と思ったら両方に置きます。そういう感じで「お客様がどの棚で買ってくださるか」ってことを一番に考えていますね。

夢眠　じゃあ、株をやっているアイドルの本だったら、株のコーナーにもあるけどアイドル・タレント本コーナーにもあるかも？

宮尾　ねむさんがもし株の本を書かれたとしたら、株のところにも置くけど、当然芸能関係のところにも置かないと。

夢眠　その場合は2か所に置くんですね。

宮尾　そうですね。あとは、たくさん入荷すれば「新刊台」という目立つところにも置いたりします。

夢眠　あこがれの平積みですね。本屋さんって、図書館みたいにきっちり分類されたお店もありますけれど、その他に、例えばこのお店だと柱のそばにオススメの本を置いてくださっていたりするじゃないですか。企画というか、ごちゃまぜというか。フェアっていうんですかね。それはどう準備されているんですか？

宮尾　棚は、大きく分けると「通常棚」「新刊台」「フェア台」に分かれます。先ほど「図書館みたい」とおっしゃっていた棚は「通常棚」ですね。「新刊台」には、そのとき入荷した新刊や売れ線の本、ベストセラーを置きます。「フェア台」には、「新潮文庫の１００冊」みたいな出版社ごとの特集を置いたりしますね。自分たちでテーマを企画した台もあります。あそこ、ちょっと前まではダイエットフェアだったんですよ。

夢眠　夏前だからですか？

宮尾　そうです。「ダイエット」をテーマに、雑誌も書籍もいろいろ集めました。新刊台というのはどのお店に行ってもある程度同じなので、それぞれのお店のカラーが出るのはフェア台だと思います。

夢眠　「フェア台ではこういうフェアをやってください」っていう指示があるわけじゃないんですか？

宮尾　そうですね、取次《とりつぎ》さんからくるものも一部ありますけれど、フェアは基本的に、出版社と相談して決めるか、自分たちで企画します。
夢眠　お店発信なんですね。お店のフェア台のファンもいそうですね。

本屋さんは推理力を鍛える場所

夢眠　私も地元の小さな本屋さんでアルバイトをしていたんですけど、本屋さんのアルバイトが他と違うなって思うのは、本屋さんって本当に本を好きな人が働いていますよね？
宮尾　そうですね、大体8〜9割が本好きですね。たまに「秋葉原という場所がよかったから」っていう人もいますが（笑）。
夢眠　でもやっぱり「本屋で働くぞ」ってなかなかならないと思うんですよ。だって、本を並べるだけでも作家名や出版社についてよく知っていないとできないし、大変そう。
宮尾　今はわりと便利になって、棚位置なんかもパソコンで探せるので、調べるのは楽になりましたが、昔はすごく大変でした。全然そんなものなかったんで。それに、お客様から聞かれるときも、だいたいの正確じゃないタイトルをおっしゃるんですよね。「こういうのが出たような気がする……」って。そこから探していくのが結構大変なんです。
夢眠　書店員としては、そういうあやふやな相談でも、ちゃんと探して渡せるのが楽しかったりするんですか？

宮尾　そうですね、やっぱり見つけたときは「やった！」と思いますね。でも、「帯に○○と書いてあった」っていうお問い合わせは難しいです。帯はタイミングによっても違いますし、帯では検索できないんですよ。あとは、秋葉原という場所柄、海外のお客様も多いのですが、これまでに一番探せて嬉しかったのは、中国の方が持ってきたメモに「マンガ・魚の名前」って書いてあったんです。それで、いろいろ考えた末に「もしかして『サザエさん』ですか？」って言ったら「あー、それ！」って言われて。

夢眠　ひぇー、すごいひらめき力ですね。結構高度なクイズですよね。しかも、登場人物はたしかに魚の名前でも、タイトルは貝ですもんね。サザエですもんね。

宮尾　書店員をやっていると、本当に推理力が鍛えられます。お客様がおっしゃっていることの中から「これとこれは合ってるんじゃないかな」と思って検索してみるとか。だいたいの場合は「てにをは」が違っているんですよ。だから、そこを抜いて調べたりします。たとえば、「注文」という言葉は絶対入っている、「料理」という言葉も入っている、だから「注文 料理」で検索してみたり……。

夢眠　すごい大変！　頭を使いますね。

宮尾　そうですね。日々クイズをやっている感じ。

夢眠　取材とは関係ないことなんですが、店長にお聞きしたいことがあって。本だと、重くても結構スイスイ運べません？

宮尾　スイスイ……。まあ、これくらいの段ボールは運べますね。

夢眠　そうそう！　書店員さんって女の人が多いのに、皆運んでいますよね。私も運べるんですが、好きだからできるのかなと思って。お米も好きですけれど、もしこれが米だったら、同じ重さでもちょっと……。

宮尾　持ち方にテクニックがあるんですよね。こう、ここ（お腹）にボンって……。この辺に乗せると、割と運びやすい。

夢眠　乗せる！　腰骨に！　ここの肉的なところですね。あと、プライベートで他の書店さんに行ったときに、積んである本を直しちゃいませんか？　角がずれてたりすると。

宮尾　直します！　間違いなく直しますね。

夢眠　直しちゃいますよね。「トントントン」ってやっちゃいますよね！　私、あれすごく恥ずかしいからやめたいんですけれど、どうしてもやっちゃうんです。

宮尾　やりますね。癖だから仕方ないんでしょうね。書店員同士で書店に行くとふたりともやるので気が付かなかったんですが、書店員じゃない人と行ったときに「それってやっぱり癖なの？」って言われて、そこで初めて気付きました。

夢眠　書店員あるあるなんですよね。その「トントントン」で、「この人書店員だな」「たぶん書店で働いていたことあるんだな」って思います。

宮尾　確かに書店員あるあるですね（笑）。

「売りたい気持ちが伝わってくる棚」ってどんなもの？

夢眠　書店員をしていて「楽しいな」って思うのはどんな時ですか？

宮尾　一番はやっぱり、自分が売りたいと思った本や売れると思った本を仕掛けてみて、きちんと売れた時ですかね。最初から売れる本なら当たり前ですが、売りたいと思った本にＰＯＰを付けてみたり、ディスプレイしてみたりして、それが売れるとすごく楽しいです。あとは、さっきの話もそうですけれど、お客様が探していた本をお渡しして「探してたんだ、ありがとう」って言われた時は、本当に嬉しいです。よくスタッフに言うんですけれど、書店員の喜びって、ひとつひとつは本当に小さい喜びなんです。それをいくつ集められるかですね。すごく大きい達成感って実はそんなにないのですが、色々な小さい喜びをどれだけ積み重ねていけるかで、本屋が楽しいか楽しくないかが決まると思っています。

夢眠　素敵ですね。お客さんと本とを出会わせてあげること。今日買ったこの本が、一生忘れられない本になるかもしれないし。

宮尾　本って、その後が無限に広がるじゃないですか。もしかしたら、その人が「この本、すごく面白かった」って言って誰かに貸したり、どこかで紹介したりしてくれるかもしれない。その手助けみたいなことができたらいいなって。

夢眠　熱のあるお仕事ですね、本屋さんって。店員さんがちゃんとPOPを書いた時点で、ひとつの愛情がすでに本に乗っかっているっていう。すごくいいですよね。

宮尾　そうですね。棚を見渡すと「売りたい気持ち」みたいなものが伝わってくる棚と伝わらない棚ってあるんです。「送られてきたから、やっつけで置きました」っていう棚と、しっかり考えられて置かれている棚は、やっぱり見る人が見れば分かるし、お客様にもたぶん伝わると思うんですよ。

夢眠　そこに差が出ますよね。機械的にではなくてちゃんと考えて置かれていると、1冊だけ買うつもりで来たのに横に置いてある本を見て「あっこれも」って手が伸びちゃう。この間、このお店に来た時も1冊のつもりが気付いたら6000円分くらい買っていて。

宮尾　ありがとうございます。まさに私たちもそれを狙って本を並べてます。それでたくさん買っていただけて嬉しいです。

夢眠　宮尾さんは、店長として何か特別なことをしていたりするんですか？

宮尾　私が直接「あれをやれ、これをやれ」と言うことは、実はあんまりないです。お店ってひとりではできないので、「それぞれのメンバーが楽しくやりがいを持って働くためにはどうしたらいいのか？」を考えることが店長の役割だと思っています。基本的には、そういう環境整備をしていますね。

夢眠　きっと、だからこそ皆「自分の棚」だって思って工夫するんでしょうね。「あれをやりなさい」って言われると「言われたから……」ってなっちゃうけど、「自分の棚」だって思えば「私がこの棚を盛り上げるぞ！」っていう気分になる。

宮尾　あと、店員が楽しんでる雰囲気をお伝えしたいと思っていて。「取次さんから入ってきたから適当に並べましょう」みたいな感じだと面白くないし、お客様にも楽しんでいない雰囲気は伝わります。お店に来た方に「楽しい！　ここで買わなくちゃ」って思ってもらえるように、メンバーには楽しんでやってほしいなと思っていますね。

夢眠　そういうのがお客さんにも伝わって、わくわくするなあって。

宮尾　そうですね、そのわくわく感をお届けしたいというのが、うちのコンセプトでもあるので。

書店員さんって昔から本が好きなの？

夢眠　私、もともと本屋さんに行くのが大好きなんですけど、その元を辿ってみると、うちが「本なら何でも買ってくれる家庭」だったのが大きいのかなと。おもちゃだと「それは誕生日にね」みたいな感じなんですが（笑）。宮尾さんも小さい頃から本に親しんでいたんですか？

宮尾　私が3歳くらいのとき、家の隣に図書館ができたんですよ。その頃からひとりでありったけの絵本を読んできました。３冊借りて帰って、また次の日行って……っていうのを相当繰り返しましたね。

夢眠　一日３冊のペースで読んでいたってことですか？

宮尾　３冊以上ですね。その場でも読んでいるので。「絵本はほとんど読み尽くした！」と言ってもいい勢いで読んでいました。

夢眠　すごい！　かっこいい。「図書館の本を読み尽くす」って本好きの夢じゃないですか！　それを子どもの頃に達成していたと。

宮尾　そうですね。環境が人を作るという「孟母《もうぼ》三遷《さんせん》の教え」のように、そのおかげで、本が隣にあるのが当たり前という感じになりました。

夢眠　私の家も本はいっぱいあったんですが、魚屋だったので、文章っていうよりは食材事典があって、それを絵本がわりにしていました（笑）。

宮尾　私は幼稚園生くらいのときに、紙芝居から始めていろんなものを読みましたね。図書館のお兄さんと仲良くなって小学館の「小学一年生」の付録をもらったりして、喜んでいました。

夢眠　そうか！　図書館だと付録をつけられないですもんね。じゃあ、小説だけじゃなくて、もう本全般が好きなんですね？

宮尾　そうですね、基本的には活字中毒です。

夢眠　「司書になりたい」とか「本に関わる仕事に就きたい」と思う人って、「本が好きだから」というのが最初の理由だと思っているんですけど、宮尾さんの当時の夢は何だったんですか？

宮尾　最初は「出版社で働いてみたい」と思っていたんですよ。本を作る側になりたいなと。あっ、もっと小さい頃は、本を書く人になりたかったですね。「小説家になりたい」と思っていたんですが、年を追うごとに「才能が必要だ」ということが分かってきて。「それなら作る方はどうだろう」と思って出版社の採用試験を受けていたんですが、出版社って本当に狭き門なんですよ……。

夢眠　えっ、そうなんですか。私が関わってきた出版社の方って、割とのんきな方が多い気がしていたので……（笑）。

宮尾　あはは（笑）。

夢眠　馬鹿にしているわけじゃないですよ。ホンワカしている方が多いから、バリバリ働いているイメージがなくて。

宮尾　皆さん、実は優秀なんですよ。

夢眠　「能ある鷹《たか》は……」的な？　余裕があるからのんきに見えるのかなぁ。……書いとこ。「実は優秀」と（ノートにメモをとる）。話を戻しますね。書店を就職先に選んだのはなぜですか？

宮尾　そうですねー。出版社を受けて、でもなかなか受からなくて、どうするか考えたら、いわゆる「普通のＯＬさん」ってちょっと考えられなかったんですよ。それで、「本を作れないんだったら、売る方になるのはどうだろう」って。それで書店の採用試験を受けるようになって、こちらに受かったので、お世話になっております。

夢眠　私、本と一番関わる場所って書店だと思うんですよ。本に関わる仕事の中で、消費者にとっては、書店が一番重要なんじゃないかと。

宮尾　そうなんですよ。消費者が本と最初に接する場所は、だいたい書店ですからね。

それでは「夢眠書店」へのアドバイスをお願いします

夢眠　私が作りたい「夢眠書店」は、本好きが唸《うな》るような、でも本を全然読まない人も気になるようなお店にしたいんです。

宮尾　「気になる」か……。それ、結構難しいですね。

夢眠　書店に来る人って、既に本好きだと思うんですよ。夢眠書店では、足が遠のいている人に戻ってきてもらったり、新たに「やっぱり本って面白いんだな」って思ってもらえたりできたらいいなと思っていて。夢眠書店で「行きたくなる仕掛け」をして、来てくれた人にはそれをきっかけに書店に行く人になってほしい。背中を押したいなあと。私、「文字は怖くないよ」って伝えたいなあと思っているんです。そういうのって結構重要な気がしていて……。私が着ている服を「着てみようかな」と思うような感覚で、文字も読んでもらえたらなと。最初は少し読みやすい本から紹介した方がいいのかなと。

宮尾　あとは、ねむさんが「この本はこういう風に面白い」って書くときに、「最初の30ページは我慢してください」と書くとか。別のスタッフの話なんですが、下巻は面白いけれど上巻はちょっとまったりしている感じの本があったらしくて、「我慢して上巻を読んでください！　下巻はすごく面白いです」ってPOPに書いたことがあったんですよね。

夢眠　作家さんからすれば「ひょえー！」って感じだけど、お客さんは「それなら上下巻一緒に買おう」って思うでしょうね。上巻だけ先に買っちゃって下巻が面白いことを知らずに「下巻はいいや」って離れちゃったらもったいない。

宮尾　そうですよね。だから、そういう取り組みもひとつの方法としてあるかもしれませんね。

夢眠　宮尾さん、夢眠書店にはどんな本を並べたらいいと思いますか？　店長は私ですが、もし宮尾さんが名誉店長だったら。

宮尾　名誉店長（笑）。

夢眠　勝手に役職つくっちゃいました（笑）。

宮尾　そうですねえ……。やっぱり、まずはねむさんのファンが来店されると思うので、ファンの方に読んでもらいたい本でいいんじゃないでしょうか。「ねむちゃんが紹介していたから読んでみよう」と買って読んで、その一冊をきっかけに「漫画ばっかり読んでいたけど、こういう小説も結構面白いんだね」と思ってもらう。そういう、本を読むきっかけになりそうな、難しくないけれど今まであんまり読まれていない本がよさそうですね。

夢眠　なるほど！　参考にさせていただきます。

今回の感想

「本」に出会う場所、それが書店。お話を伺っていると、ただ単に入荷されたものをそのまま陳列しているわけではないことが判明！　店員さんの想いや愛情を通して並べられていたからこそ、出会えた一冊もあったんですね。ここで出会った本が一生モノになるかもしれない……そんなわくわくを胸に、書店に通う私たち。では、夢眠書店はどんな書店にしていこう？　愛される本屋にするために何をしようか？　学びの分だけ、課題が見えてきました。

第2話　ねむ店長の師匠!?　独立系書店の作り方

やっぱり本屋さんは面白い！　夢眠ねむはもっといろんな本屋さんについて知りたくなりました。さて今度は、大手書店チェーンから独立して自分のお店を始めた方にお話を伺います。本好きが多いといわれる中央線・荻窪にある、できたばかりの本屋さん、「Title」にやってきました。

今回の対談相手

辻山良雄

Title店主

1972年神戸市生まれ。早稲田大学政治経済学部卒業後、
リブロ入社。広島店、名古屋店など中核店舗の店長を経て、
池袋本店統括マネージャー。2015年同店閉店後退社し、
'16年、荻窪に本屋とカフェとギャラリーの店「Title」を開店。

どんなふうにして「書店員」になったのか

夢眠　辻山さんは本が好きで書店員になられたということですが、本が好きになったのはいつ頃からですか？

辻山　浪人生時代、予備校へ毎日往復1時間くらいかけて電車通学していたんです。その時間に本を読み始めたら面白くて、次第に勉強よりも本にはまってしまったのが、本好きになったきっかけです。

夢眠　ということは、19歳くらいですか……。物心がしっかりついてからなんですね。

辻山　そうですね。子どもの頃からたくさん読んでいたとか、そういう訳ではないです。

夢眠　本屋さんで働き始めたのは、何がきっかけだったんですか？

辻山　大学生のときに出版社でアルバイトをしていたので、その頃から何となく本の近くにいたんです。就職する年齢になったときにも、選択肢として色々な商売がありましたけど、本を扱う仕事しか考えなかったですね。

夢眠　私が夢眠書店を開こうと思ったのは、世の中にはあんまり本を読まない人がいっぱいいるということに衝撃を受けたからなんです。私は本が好きなので、読書は日常の一部なんですけど、実は「本はちょっと怖い」って思っている人たちがいると知って、少しでも本のことを好きになってほしいなって。辻山さんがアルバイトをされていたのは、出版業界がいわゆる「全盛期」で、本を読む人も多かった頃ですか？

辻山　まだ「いい時代」と言われていましたね。本が一番売れていたとされるのが1996年くらいで、私がアルバイトしていたのもちょうどその時期にあたるので、「未来は明るい」という雰囲気でした。なので、問題意識を持って出版業界に入ったというわけではなく、自然な流れで本の中で働くようになり、今この店をやっているという感じです。

夢眠　なるほど。その後、書店チェーンのリブロに就職なさって、そこから書店員としてお仕事をされるようになるんですよね。

辻山　就職するときにも出版社を受けようと思っていたんですが、色々調べているうちに「本屋」という仕事もあることに気付きまして。古本屋でも新刊書店でも、本のある空間にいるのが好きだったので、採用情報を調べて受けてみたら、採用していただけました。

夢眠　それから長い間書店員として働く中で、「自分のお店を持ちたい」と思うようになったのはいつ頃からですか？　それとも、いきなりひらめいたんでしょうか。

辻山　以前からぼんやりとはあったんですが、当時やっていた仕事も面白かったので、毎日が何となく流れてしまっていました。ところが2015年に、そのとき働いていたリブロ池袋本店が閉店することになったんです。それがひとつの区切りのように感じられて、「新しいことをやってもいい」「自分でやってみよう」と思いました。リブロでは長く働いていたので、次第に管理職になってしまったんです、書店といってもひとつの会社なので。でも私はもう少し、本が売れていく現場の中にいたかったんですよね。そうするとやっぱり、自分で場所を作るのが一番早いかなと。

夢眠　私と辻山さんではお仕事のジャンルが全然違いますけど、そのお話はすごく分かります。私はアイドルなのでファンの方が増えるのはもちろん嬉しいんですが、実際に相手の顔が見えないほどファンが増えると、時々「私は本当にちゃんとやれているのかな」って不安になるんですよ。

辻山　本の情報ってWEB上にも色々ありますけど、実際に見るからこそ感じられる「質感」みたいなものってありますよね。本屋さんには、そういうことを大事にする人が多いように思います。

どんなふうに「本屋」を作ってきたのか

夢眠　本屋さんには「本」という存在自体が好きな方が多いという印象があるので、いざ自分で本屋さんをやると、その方ならではの魅力や色がお店に出てくると思うんです。辻山さんは、「Title」をどんな本屋さんにしようとイメージされていたんですか？

辻山　本屋を始めるには、まずは「場所」が必要ですよね。独立して本屋を始めるにあたっては、まずそれが決まらないとイメージが湧かないなと思っていたんです。実際、場所がここに決まると、例えば「住宅街の中だから、かっこいい本屋というよりは年配の方からお子さんまで皆が知っている本屋にしたい」とか、具体的なイメージをもつようになりました。

夢眠　「Title」は肩肘張らない、いわゆる「町の本屋さん」ですよね。お店をあらためて拝見して、街に自然になじみつつ、本のセレクトにも気を遣われているなと思いました。「こういう本を入れたい」というこだわりはありますか？

辻山　中央線沿線って、昔から本好きな人が多いんですよ。なので例えば文学ひとつとっても、しっかりした外国文学や純文学、詩などがよく売れます。

夢眠　当たり前ですけど、お客さんが買ってくれたら棚の本は減りますよね。そうすると、そこにまた同じ本を仕入れる場合もあれば、全く別の本を入れちゃう場合もあるんですか？

辻山　ありますね。本を一冊一冊選んだり、商品が回転して新しく仕入れたりするときには、お店に来てくれるのはどんな方か、どんな本が好きかということも考えます。

夢眠　それを決める感覚って、本当に職人さんに近いですよね。

辻山　何度も仕入れている本なら、たいていまた同じように仕入れます。ただ、あまり回転していない本でも、昔から定評があるものだったり、そこに挿《さ》さっているだけで棚が締まって見えるようなものは仕入れますね。その本があるだけで棚がピリッと引き締まる……。そういう本は切らしちゃだめだと、昔から言われているんです。

夢眠　それって、「本屋界の常識」なんですか？
辻山　常識だったんですが、そういうのはだんだんなくなりつつありますね。
夢眠　えーっ！　じゃあ、そういうことは誰から教わればいいんだろう……。
辻山　教わるというか……。
夢眠　盗む？
辻山　「俺の背中を見ろ」という感じですね（笑）。マニュアルがあって「この本は切らしてはいけません」と書いてあるわけじゃないんですよ。長年本屋をやっている人の「これは昔からあって、いい本だ」という情報が、継承されていくんです。
夢眠　でもそれは、本屋さんに長く勤めてこそ培われるものですよね。私が「本屋をやりたい！」といって何も知らない状態でドカドカ乗り込んできて本屋を始めても、本屋マスターみたいな人に「この棚は締まりがない！」って言われちゃうかもしれない。
辻山　それなら、色々なタイプのお店を見てみるといいと思いますよ。たまたま私がやっているのはオーソドックスな本屋なので、先ほど話したようなことを大事にしていますが、「自分の選んだものだけを入れる」というやり方の店もあるし、「何でも手広く並べる」という店もあります。色々な店を見て「こういうのが夢眠書店には向いているかな」と考えてみるといいと思います。
夢眠　私、そもそも「この棚は、この本がピリッと効いている……」という発想がなかったです。「ここにカフカがあるといい……」とか。高校生のとき地元の本屋さんでアルバイトしていたんですけど、そんなこと何も教わってないなあ。辻山さん、私の師匠になっていただけませんか？

辻山　いいですよ（笑）。

夢眠　やったあ！

辻山さんの思う「いい本屋」ってどんなお店？

夢眠　他のお店に行かれたとき、辻山さんはどの棚を見て「いい本屋だな」と感じますか？

辻山　私の場合は人文学や芸術、文学とか、そういう棚を見がちです。でも結局のところ、お店はお客さんと一緒に作っていくものなんですよね。ねむさんも、色々な方がお店に来る中で「この本がずっと売れているな」「私のお店のお客さんはこういう本が好きなんだな」といったことが見えてくると思いますよ。初めから完璧な店にするのは難しいかもしれませんが、何か月かすれば今私の話していることが「そういうことだったのか」と分かるのではないでしょうか。

夢眠　「今のこの棚、完璧！」と思う瞬間ってありますか？

辻山　ないですね。でも今の店はぐるっと見渡して把握できる規模なので、「手の内に入っている」という感じがします。今までは大型店にいたので、売れるのが当たり前だったり、一日に200〜300点もの新刊が毎日入ってきてとても覚えきれなかったりしたんです。今はそれぞれの棚にどんな本が挿してあるか、だいたい分かっています。うちでは世間一般の売れ筋よりも、そこから少し外れた「オルタナティブ」と呼べるような本が結構売れているんです。そういうところも「Title」らしいなと思います。

夢眠　オーソドックスを目指している中にも「らしさ」があるって素敵ですよね。「ここの店長、分かってるな」と思って来てくれるお客さんも、たくさんいると思いますし。

辻山　個性が出ないと、わざわざ個人でやる意味がないですからね。小さいお店ほど、自分の個性を出したほうがお客さんに伝わりやすいと思います。

「Title」らしい「本のある空間」作りとは

夢眠　「Title」は、お店というハコ自体も手作りされたんですよね。ブログで見たんですが、でっかい木が出てきたりして、まるで大工さんみたいだなあと思いました（笑）。

辻山　ここはもともとお肉屋さんで、建物としては築70〜80年くらいなんです。だから最初に見たときはボロボロでしたね。

夢眠　２階へ上がる階段がおばあちゃんの家にあるのみたいだったりして、きれいなのに懐かしい感じがすごくいいです。本が好きな人をあらゆるところで刺激する本屋さんですよね。

辻山　こういう古い建物で新しく本屋をやっているところはあまりないし、そういう意味でも面白い空間だなと思って、ここで本屋をやることに決めました。

夢眠　私は「本屋をやるなら、ギャラリーも、お茶を飲めるところも絶対に欲しい！」と思っていたので、「Title」はまさにドリームスペースなんですが（笑）、辻山さんはどうしてギャラリーとカフェも作ろうと思ったんですか？

辻山　カフェは、お客さんに本屋でゆっくりした時間を過ごしてほしいと思って作りました。ギャラリーに関しては、遠くからでも足を運んでいただくための「装置」という側面をもたせています。本自体はどこでも売っているものなので、もっと便利な場所で買うこともできますよね。でもギャラリーに展示するような作品は、ここに来ないと見られないものです。ギャラリーにはもうひとつ、本の世界を広げるという役割もあります。本の中身がこういうスペースで展開されると、よりその本の世界に入り込むことができて、いいんですよね。

夢眠　「Title」では「毎日のほん」というのを毎朝ＷＥＢで更新なさっていますが、どれくらい先まで決めているんですか？

辻山　埋まっていないと落ち着かない性格なので、だいたい１週間先くらいまでは決まっています。

夢眠　ここで紹介されている本って、すべて読んでらっしゃるんですか？　私は本が好きなアイドルということで「おすすめの本」を尋ねられることが多いんですが、どうしても昔読んで好きだった本を選びがちで、最近の本をなかなかおすすめできないんです。

辻山　私も本は日々読みますが、読了していないこともありますよ。「毎日のほん」で取り上げる本も、全部読んでいるわけではないです。

夢眠　えっ、そうなんですか？

辻山　装幀《そうてい》や開いた文字の感じや帯の推薦者などを見て、まだ読んでいない状態でも完全に「良さそう」なのが伝わってくる本、そこに置いてあるだけで「良さそう」な感じを放つ本があります。「毎日のほん」でも、そういう「良さそう」だと思うエッセンスを書いて、それをつなげていっている感じです。

夢眠　本の内容をしっかり説明するというよりは、自分がどんなところを「良さそう」と思ったかを紹介するんですね。私、読みたい本はたくさんあってもなかなか全部読めていなくて、「本屋さんとしてお客さんに本をすすめられるかな？」って心配だったので、今のお言葉ですごく勇気が湧きました。

夢眠書店はどんな本屋にしよう？

夢眠　うーん、夢眠書店はどんな本屋にしようかな。何の棚を作ろう？「Title」には何台くらいの棚があるんですか？

辻山　20台くらいですね。本は1万冊くらいあります。

夢眠　うわあ……。途方もない。その1万冊はどうやって選ぶんですか？

辻山　だいたい6割が売上のデータから選んだ、一般的に売れている本です。自分の好みが入っているような本は4割くらいですが、そっちのほうが今、増えつつありますね。

夢眠　私もそれくらいを目指したいな。「全部自分の好きなものでいいよ」って言ってくださる方もいるんですけど、「それだと扱う本の幅が狭くなっちゃうんじゃない？」というアドバイスをいただいたりもしていて。自分の好きな本だけだと数も限られてきますし、全部自信を持っておすすめできるラインナップが、まだないんです。

辻山　自分が読んでいる本から広げて、同じ作家の本、その方と仲のいい作家の本、テイストの似ている本……というふうに掘っていくといいと思います。私もただ知っているというだけで、読んだ本なら1万冊には到底届かないですよ。

夢眠　さっき話した「棚の中でピリッと効いている」とか「掘っていく」という感覚って、

音楽に似ていますよね。アルバムを作るときのような「流れ」があるというか。それを乗りこなせたら、私もいい本屋さんに近づけるような気がしてきました。

辻山　音楽も歌も、人によって違うじゃないですか。たとえうちの店とは全然違っても、流れがきれいであれば、夢眠さんのお店に来たお客さんは「ああ、いいなあ」と感じると思うんですよ。正解はひとつではないですから。

夢眠　膨大な売上のデータから本を選ぶときは、どのように取捨選択なさっているんですか？　たとえ売れ筋であっても「これは絶対苦手！」という本は置かないじゃないですか。そうすると、売れ筋とはいえ自分の好みになっちゃいますよね。

辻山　そうなりますね。ひとつのジャンルにつき2万点くらいの売上データが出てくるんですが、商売なのでまず売れ筋を見て、そこから先は装幀が好みかとか、そういうところで選んでいます。積極的に仕入れるのは、やっぱり記憶にあるものが多いですね。

夢眠　「あっ、これ読んだことある」というところから、これも、これも……というふうにつなげていく感じですか？

辻山　そうですね。絵本なんかは特にロングセラーの商品も多いですし、「今読むべき○○」みたいな本もたくさん出ているので参考にしています。

夢眠　やっぱり人の好みって一貫しているので、たとえデータが2万点あろうと、私は食べ物の名前がついているタイトルばっかり見ちゃうと思うんです（笑）。でもそれは全部選んじゃって、一段落したらまた別の観点から選べばいいんですよね。お話を伺っていて、辻山さんは柔軟さと我のバランス感覚が優れている方だなと思いました。私は我が強いので、もうちょっと柔軟になって、夢眠書店が街や他の人になじむようにしたいです。

辻山　まあ、なじむのは後からでもできますから。最初は我が強くてもいいと思いますよ。しっかりしたキャラクターがあるので、まずはそれを押していって、年を重ねるごとに……という感じがいいかもしれないです。

夢眠　そうですね。まず最初は「力ずくでも本を売ろう！」という感じで始めようと思います（笑）。今日は本当に勉強になりました。ありがとうございました！

今回の感想

今回の取材では、なんと師匠ができました！「挿さっていると棚が締まる」本のお話などは、目からウロコがボロボロと……。肌で本の売れ行きや棚の移り変わりを感じるとはまさに職人の技！　街の雰囲気、お客様の要望、自分の色……様々な要素が合わさって一軒の「本屋さん」になるんだなぁ。自分が抜き取った本の隙間に、次は何が挿さるのか。今まで気にしてこなかったところに、興味が湧いてきました。

第3話　ブック・コーディネーターという仕事

書店員には「本を選ぶ」という大切な仕事があること、また、書店員が一冊一冊選んだ本が、その本屋を作る、ということを学んだ夢眠ねむ。今度は「ブック・コーディネーター」のお仕事を勉強しにきました。分かりそうで分からない、本をコーディネートするお仕事、一見すると「本を選んでくれる人」というイメージを持ちますが、実際はどんな仕事なのでしょう。

今回の対談相手

内沼晋太郎

numabooks代表

ブック・コーディネーター／クリエイティブ・ディレクター

1980年生まれ。一橋大学を卒業後、某国際見本市主催会社に入社し
2か月半で退社。往来堂書店（東京・千駄木）に勤務する傍ら、
2003年に「book pick orchestra」を設立。
'06年まで代表を務めたのち「numabooks」を設立。
'12年、東京・下北沢にビールが飲めて毎日イベントを開催する
新刊書店「本屋B&B」を博報堂ケトルと協業で開店。

「ブック・コーディネーター」という仕事を作るまで

夢眠　今日はよろしくお願いします。まずは内沼さんが、いつ頃からどんな切り口で本がお好きだったのかなどをお聞きしたいです。

内沼　僕はずっと音楽をやっていて、大学2年生くらいまでは音楽を作ったりしていました。でも途中で、自分で作った音楽を自分が気に入らなくなってしまったんです。そこから「作る」側というより「伝える」側に回りたいと思うようになりました。その後は雑誌に興味を持って、仲間と一緒に雑誌を作ろうとしましたが、こだわりすぎて結局出来上がらないまま終わってしまったんですよ。ハードディスクがクラッシュしてデータが全部消えて、皆のやる気がなくなってしまったり(笑)。その雑誌を作っているときに書店に話を聞きに行ったのですが、そこで初めて「作ったものを書店に『これを売ってください』と持って行っても、必ずしも売ってもらえるわけではない」と知って、本を「作る」ことよりも「売る」「届ける」ことのほうに興味が移りました。それで今に至るという感じです。

夢眠　本好きの私としては自然と「本は買うものだ」という意識があるので、「頑張らないと本が売れない」っていう感覚がなかったんです。自然に本屋さんに行って、新刊をチェックしたり、好きな作家さんを追ったりしているので。でも実際は、薦《すす》められないと本を手に取らない方とか、本を手に取るタイミングが減っている方が多いということに最近気付きました。内沼さんは「本っていいな」と思ったあと、なぜ書店を始めようと思ったんですか？

内沼　そうですね。僕も大学生の頃は「活字離れ」とか「出版不況」とか言われても、あまりピンときていませんでした。書店が好きで普通に行っていて、お金はそんなにないけどたまには買っていましたし、他のお客さんもいっぱいいましたから。でも、ちょうどその頃ベストセラーになっていた、出版業界や流通の問題について書かれた『だれが「本」を殺すのか』という本を読んだときに「そんなに簡単なものじゃないんだな」と思ったんですよ。そこから……大学生ってほら、結構思い込みが激しいじゃないですか（笑）。

夢眠　激しい（笑）。私もそうでした。

内沼　大学3年生くらいで「俺が出版業界を変えられるんじゃないか」みたいな気持ちになって。就職活動をしているときに出版社もいくつか受けましたが、もし運良く内定をいただいてどこかの雑誌に配属されても、1年目の社員がいきなり出版業界を変えられるわけがないと思ったんですよ。それで少し遠いところから出版業界全体を見られるような会社に行こうと思って、最初は「東京国際ブックフェア」を主催している会社に入りました。でもいざ入社してみると会社員が向いていなかったというか、結構大変で、2か月半で辞めてしまったんです。それから、とりあえず本のことで自分にやれることをやろうと思って、千駄木の往来堂書店でアルバイトをしながら「book pick orchestra」というオンラインの古本屋を立ち上げて、いろんな方法で古本を売る活動を始めました。それこそクラブイベントみたいなところで古本を売ったり。

夢眠　いろいろ融合させて……。

内沼　そうです。やっていると、美術展などにも呼んでいただけるようになってきて。最初にやったのは原宿にある大きな洋服屋さんからの依頼で、その店の一画に本の売場を作るという仕事でした。この仕事がきっかけで、雑貨屋さんとかＣＤショップといったいろんなお店の一画に本の売場を作ったり、あるいは企業の受付や集合住宅の共有スペースのライブラリーに置く本を選んだりする仕事をいただくようになりました。それで10年くらいずっと続けています。

夢眠　そういう仕事って、本に関する仕事としては初めて聞いたんですけど……何ていうんですか？　セレクター？

内沼　僕は「ブック・コーディネーター」と言っています。

夢眠　なるほど。「その場に合う」とか「そこに来るであろう人たちに見てほしい」とかを考えてコーディネートしてあげて、「場所を作る」仕事ですね。

内沼　「ブック・コーディネーター」を名乗っているとよく「おすすめの本を教えてくれ」って言われるんですけど、実は僕、人に薦めるのが苦手なんですよ。本って結構、人を変えちゃうから。

夢眠　分かります！　本が人を左右することを分かっているから、たとえば「14歳の子にこれは早い、でも早かったからこそ私はこう思った……」とか、うかつに本を薦められなくなる。そこまでの責任は負えませんよね！

内沼　そうですね。なので「おすすめの3冊」を選ぶのではなくて、３００冊とか３００0冊の本がある場所を作って、そこを素敵にして、来てくれた人がその中から1冊選んでくれればいいなと思っています。突き詰めればそれが書店や図書館だったりするわけですけど、洋服屋さんや雑貨屋さん、ＣＤショップなんかにちょっとしたコーナーを作ったりすることが、たまたま自分の仕事になりました。

夢眠　「〇〇さんがくれた本」というのももちろん大事ですけど、自分がその場で気に入って選んだことが最初の1ページを開くモチベーションにもなるので、「場」を提供されているっていうのが私としても一番しっくりきます。「あなたにはこれ！」って言われて「うーん全然違う……」ってなるより、自分で選んだほうがいいです。やっぱり理想の書店は「きっかけ」を提供してくれるお店だなと思います。「たくさんの中から1冊選んでもらえれば」という今のお話、とても共感します。

内沼　場所を作って「あとは選んでね」というほうが自分には向いていると思って、ずっとこういう仕事をしてきました。でもそれは本当に運が良かったというか、普通はそういう仕事をしようとしても「どこから依頼が来るんだ？」「どうやって営業しよう？」という感じでなかなか難しいと思います。僕の場合、たまたま誰もそういうことをやっていない時期に仕事ができたので、それを見た人から依頼をいただいているうちに、書店を紹介する雑誌の記事を書いたりするようになりました。

小さなお店で個性を出すには？

夢眠　書店って、たとえ好きでも毎日は行かないし、棚のラインナップもそんなにすぐには変わらないじゃないですか。でも内沼さんの作られた新刊書店「B&B」は毎日イベントをやっていたり、飲み物があったりして、いろいろな魅力がぎゅーっと詰まっている感じなんですよね。

内沼　正直20〜30坪くらいの街中の新刊書店って、今は本だけ売っていてもほぼ成り立たないんですよ。だから本以外の相乗効果のあるものと組み合わせて収益を上げなきゃいけない。それで、B&Bでもビールを出したり、毎日イベントをやったりしています。トークイベントも基本的には有料で、たとえば参加費1500円に1ドリンクという価格設定で30〜50人くらい集めれば、出演者の方にちゃんと出演料を払えるし、利益も出るんです。他にもいろいろやっていて、本棚などの家具を売ったり、英会話教室をやったり、撮影の場所として貸したりもしています。

夢眠　すごーい！　何でもできちゃうお店ですね。
内沼　書店は取次から送られてくる本を並べて販売するのが基本ですが、小さい書店でそれをそのままやると、個性が出なくなってしまうんです。
夢眠　大きい書店の、ただの縮小版になってしまう。
内沼　そうです。自分たちで本を選ぶと手間も時間もかかりますが、それでも自分たちで選んで「いい品揃え」にして、いい雰囲気にしてビールも出して……というふうにお店自体の価値を高めていけば、「イベントに出てもいいよ」「英会話教室をやってもいいよ」と言ってくれる作家さんや先生が現れたり、英会話を教わる側の人も「どこかの英会話教室に行くよりも、Ｂ＆Ｂのほうが面白そう」と思ってくれたりするんです。そうやってコラボレーションできる人を増やして本以外のものを収益源にしていくことで、Ｂ＆Ｂはなんとか成り立っています。

「形から入る読書」には大賛成

夢眠　私のファンの方で、普段全然本を読まない方が「本買ってみました！」と言ってくれるのがすごく嬉しいんです。変な言い方なんですけど、ある意味「騙して」でも「本を読んでみてくれ！」っていう気持ちがあるので。私は形から入るのも大賛成で、グッズなんかも大好きなんですが、内沼さんは本に関するグッズなどのプロデュースもされてますよね。今、かっこいい本屋さん界隈で流行《はや》っている読書グッズを教えてください！

内沼　やっぱりブックカバーが人気ですよ。ブックカバーやしおりの他には、本を入れる木箱やブックスタンド、ルーペ、マグカップなんかがあります。ちなみに一番売れる雑貨はトートバッグです。

夢眠　そうか。確かに本を読む人ってトートバッグを持っているイメージがありますね。

内沼　ただ、グッズを作っていて難しいのは、本のサイズがバラバラなことなんですよね。

夢眠　確かに決まったサイズって、文庫・新書くらいしかないですね……。

内沼　でも文庫も、たとえばハヤカワ文庫は「ハヤカワトールサイズ」といって、普通の文庫より5ミリくらい大きいんです。なので僕がプロデュースしている文庫カバーでは、「ハヤカワトールサイズ」を別に作っているんですよ。ハヤカワのＳＦが好きな人はこのサイズを探していて、需要は全体に比べれば少ないけど、「分かってる感」が出るというか。

夢眠　「分かってる感」はすごく大事ですね。

内沼　ブックカバー、かわいいの作れば売れますよ。

夢眠　作りたい！　あと私は書くことも好きなので、人に見せない用のノートを作りたいです。

内沼　「鍵がかかる」とかですかね？

夢眠　Instagramとかに書評をアップできるようなノートを作りたいなと思っていたんです。たとえば「ほぼ日手帳」って、手帳として使いやすいだけじゃなくて、ほぼ日手帳のハッシュタグが付いている投稿を見たり、憧れの人が使っていたりすることで「その手帳を使っていることがかっこいい」と思わせる何かがあるんですよ。でも、本の感想ってちょっとハードルが高いように思うんです。以前、小説家の奥泉光先生に「読んだ本を『読了した』ってネットに投稿しなよ」と言われたことがあるんですよ。ネタバレはしちゃダメですけど、たとえば私が「『ジョン・レノン対火星人』読了」と言ったら、皆が気になって読んでくれるんじゃないかって。それで「読了ノート」みたいなものがあるといいなと思ったんです。でも感想って、人にわざわざ見せたくないようなこともあるじゃないですか。だからSNSに投稿するのを前提として、見せる部分と見せない部分が分かれたノートがあるといいなと思ったんです。「ここはSNSに出すからかわいく書こう」「ここは自分用だから走り書きでもいいや」とか。ネタバレになっちゃう内容も自分用のメモとして残せるし、心に留まったけど恥ずかしいこと……たとえば「パンツ！」とか（笑）、見せたくないことも書けるようなノートがあったらなと。

内沼　なるほど、いいですね。いいと思います。

夢眠　本当ですか!?　B&Bに置いてくれます？

内沼　置きます、置きます。……っていうか、この流れだと断れないですよね（笑）。読書ノートって、昔からあるにはあるんですよ。だけどあんまりいいものがなくて……。Instagram用とはっきり決まっていて真四角だったら、かわいいかもしれないですね。専用のアプリも作るとよさそうです。

夢眠　わあ！　アプリがあるのはいいですね。でもそれって、何百万円もかかるんじゃないですか？　私がおにぎりを1個500円で売って、資金を集めましょうか（笑）。

内沼　クラウドファンディングで集めるほうが早そうですね（笑）。

夢眠　いずれにしても「紙でやる」のがいいなと思っていて。「ちゃんと本屋さんで本を買うこと」と「自分で書くこと」が大切な気がするので。

ミーハーに本を楽しんでもいいじゃない

夢眠　では、夢眠書店へのアドバイスをお願いします。夢眠書店はどんな本屋さんにしていったらいいでしょうか？　私としては、昔みたいに「本を読むことってかっこいい」とも っと思ってほしいんです。「偉いね」って褒められるのは違うというか。もっと自然で日常的に、「ちゃんと本を読める人っていいなあ」と思う人を増やしたいんです。

内沼　それなら「本を読む人ってかっこいい」と夢眠さんが言い続けるのがいいんじゃないですか？

夢眠　そうですね。男の子向けの雑誌を見ていても本のコーナーは根強くあるし、たとえば「BRUTUS」の本特集を皆買っていると思うんですよ。あとは、ミーハーでもいいからもっと本を読んでほしい。私は文豪がかっこよくて好きなので、「文豪かっこいいイベント」みたいなものをやりたいです。それで文豪にキャーキャー言うイベント。「文豪が食べていたどら焼きを本と一緒に出して、文豪感を味わう」というのもいいかなと思っています。「アイドルが食べているケーキをファンが買いに行く」というのと同じような感覚を文豪に対してすごく持っているので、そういう憧れを突いていきたいです。文豪フォロワーは、絶対いっぱいいると思います。

内沼　いるんですかね？

夢眠　いますよー！　私は森鷗外が泊まった旅館に泊まりたいです。

内沼　そういう人が増えればいいですよね。作家シリーズのブロマイドを作って売るのはどうですか？　文豪だけでなく現代の作家のブロマイドもちゃんと作って「皆かっこいいんだぞ」ってアピールしたらいいんじゃないですかね。

夢眠　絶対買う！　めっちゃかっこいい！　川上未映子さんのブロマイドとか超買いたい……。そういうちょっとミーハーな角度からの仕掛けをやってみたいです。昔、新潮文庫の「Yonda? Club」に応募券を集めると文豪の時計がもらえるという企画があって、私はそれがすごくかっこいいと思ったんです。太宰治の写真が文字盤なんて最高で。文豪に恋してる人って本当にいっぱいいると思うんですよ……いないかな（笑）。今はイケメン化された文豪たちの漫画もありますし。

内沼　そういうファンの人たちを巻き込みながらやるのがいいですね。

夢眠「本は怖くないよ」っていう発信からやりたいです。

内沼　夢眠書店は、どんな品揃えにする予定なんですか？

夢眠　今のところ私が好きな本をベースにセレクトする予定なので、結構偏《かたよ》ると思います。こうして出会った方に薦めてもらって、いいなと思ったものも置きますし、絵本も置きます。あとは私は料理の本が好きなので、料理の本のコーナーも作りたい。まだそれくらいホンワカしたイメージです。

内沼　これからは、店主の個性がちゃんと出ていて「その人が選んだ」という感じがする書店のほうがいいと思うんですよね。「この本が欲しい」と決まっている人は、電子書籍やネット書店とか、大型書店のほうが便利じゃないですか。じゃあ小さい書店は何のためにあるのかといえば、昔はベストセラーを売っていることが大事だったかもしれないけど、今は店主の趣味とかお店のコンセプトありきで、かなり偏っていていいと思いますよ。

今回の感想

本が人生に与える影響は多大なるものだからこそ、その仲介役は難しい。全力でおすすめされても「違うんだけどなぁ」と思うこともあるし、それに、自分が気になって選ぶほうが「運命」的な出会いに思えるし……。内沼さんは一冊「これ！」とごり押しするのではなく、本との出会いの場を提供するという発明をされた方。本屋としてのあり方を勉強させていただきました。一対一のお見合いもいいけど、お見合いパーティーみたいな本屋さんにしたいな、夢眠書店（笑）。

第4話　ＰＯＰ王直伝！　見る者を惹きつけるＰＯＰ作りの極意

欲しい本に出会うきっかけはレビューや売上ランキングなどさまざまですが、リアル書店ならではの本との出会いを演出するもののひとつにＰＯＰ《ポップ》があります。ＰＯＰ作りは書店員さんっぽい技術の典型です。そんなわけで、今回のテーマはＰＯＰです。「ＰＯＰ王」こと三省堂書店の内田さんから、ＰＯＰ作りの極意を教わります。

今回の対談相手

内田剛

三省堂書店 営業本部 営業企画室課長
MD販促担当 兼 販売促進担当

1991年株式会社三省堂書店入社。そごう千葉店、成城店などを経て、
本部営業企画室で文芸ジャンルを担当。
これまでに書いたPOPは3,000枚以上で、
最近は学校でのPOP講習なども行っている。

ＰＯＰ王がＰＯＰを書くようになったきっかけは

夢眠　今回は「ＰＯＰ王」である内田さんとお話できるということで、とても嬉しいです。ＰＯＰ自体は書店でアルバイトしていた頃にも書いていたんですが、実はイロハを学んだことはないんです。夢眠書店をいい本屋にしていくために、プロのお話を伺わせてください!!

内田　ＰＯＰ作りのノウハウは、学んだことのない書店員のほうが多いと思いますよ。僕も誰かに教わったわけではないんですよ。自己流なんです。イラストやデザインを勉強したことも全くないです。「書店としてこれは売らなきゃいけない」と思う本に出会って、どうしたらいいかひとりで黙々と考えた結果、ＰＯＰを書くことにしたんです。

夢眠　ＰＯＰが付いている本と付いていない本とを見たら、どうしても付いているほうを手に取ってしまうんですよね。ＰＯＰに関しては出版社の方から「これを売りたいからＰＯＰ書いてね」って言われたり、入荷したときに付いていたものを貼ったりするというイメージを持っていたんですが、「これを売りたい」という書店員さんの気持ちで書かれているものもあると知って、「すごいいなあ」と思いました。

内田　書店に来る読者の方は目が肥えているので、「売らされている」ＰＯＰなのか「売ろうとしている」ＰＯＰなのかが、一目でばれてしまうんですよ。だから上手か下手かではなく、気持ちがこもっているかどうかが大切だと思います。

夢眠　とはいえ、それが一番難しいように思います。「伝える力」が必要ですよね。そういえば基本的なことなのですが、ＰＯＰは一般的にどれくらいのサイズなんですか？

内田　「はがき大」という言い方をよくしますね。大きすぎても小さすぎてもいけないんですよ。ただ、本の内容などによってサイズが変わることもあります。

夢眠　えっ、そうなんですか!?

内田　たとえば、文庫サイズの本にあまり大きいものは付けないほうがいいですよね。

夢眠　確かに！

内田　もっとストレートに言ってしまうと、ＰＯＰがないほうがいい場合もあるんです。非常に売れている本なら、その本自体がＰＯＰ代わりになりますし。

夢眠　装幀が目印になって売れるんですね。

内田　たとえば村上春樹さんの新刊が出たら、その本自体がＰＯＰ代わりになるでしょう？　むしろＰＯＰを付けるならその隣に置く本ですね。何を置くか考えて、その本にＰＯＰを付けて売ることになります。

夢眠　自己流というと同じようなＰＯＰばかりになってしまいそうなのに、こんなにバラエティ豊かに、本に合わせてレイアウトを変えたりもしていらっしゃるんですね。やっぱり、いろいろな本を読んでイメージして書いていらっしゃるんですか？

内田　そうですね。やっぱり、読まないと書けないというのはあります。本を読んで、POPを書き終えるまでが「読書」です。自分のためにPOPを書いているという側面もあるのかもしれないですね。どうやったら伝わるかを、読みながら考えて。最近は人に教えることも多くなって、学校でPOPの授業をやったりもしているんですよ。

夢眠　じゃあ今日は私、贅沢ですね。生徒ひとり、マンツーマンで。

内田　そこで必ずする話があるんですが、それは「本は人」だということです。人と同じように本にも個性があって、長所も短所もあるんですよ。その本の長所を伸ばして短所を補うのがPOPなんです。本も人間で、POPも人間。POPを書く僕たちも人間だし、読者も人間ですよね。どうしても「人」が入ってくるんですよ。たとえばこれは僕が書いた本『POP王の本！』なんですが、この本の短所は「著者が無名」だというところです。この本では自分が書いたダメなPOPの例として、この本のPOPを挙げているんですが、ねむさんはなぜこれがダメなのか分かりますか？

夢眠　えー……分からないです。

内田　このPOPがなぜダメかというと、デザインが本と全く一緒だからなんです。

夢眠　なるほど！　貼ったときに埋もれてしまうんですね。

内田　そうなんです。同じデザインの本がここにあるのに、POPも同じ黄地×赤だったら……同じじゃないですか。

夢眠　そうか！　それは盲点でした。「デザインに合わせなくてはいけない」と思い込んでいました。

内田　そうでしょう？　でも逆なんですよ。装幀や表紙は本の中身を凝縮させて作るんですが、そこに付けるＰＯＰは、むしろ逆転させて作ったほうが目立ちます。他にもミステリアスな物語の場合なら、見た人が不安を感じるように、あえてＰＯＰの端を片方だけ丸めてみたり……。

夢眠　左右対称じゃないというところでドキドキさせるのか……おもしろい！

内田　これも自己流ですが、僕の場合だと切ったり貼ったりすることも多いです。最初はクレヨンを使ったり色鉛筆にしてみたりと、素材をいろいろと変えて書いていたんですが、一番楽で比較的きれいに見えるのが、色画用紙を切ったり貼ったりする方法だったんです。

夢眠　なるほど。

内田　それと、よく「ＰＯＰを上手に書けない」と相談されるんですけれど、下手でもいいんです。気持ちさえ込められていれば。

夢眠　下手でも一生懸命書いているというのは、それはそれで宣伝になりますよね。

内田　それが伝わるんですよ。「下手に書け」というわけではなくて、結果として下手に見えたとしても、それが人の心に印象として残るということなんです。

夢眠　きれいにサラッとやられるより、がむしゃらに推されたもののほうが気になって読んでしまうこともありますよね。
内田　そうなんです。「きれいすぎると目に留まらない」というのがよくあるんです。
夢眠　印刷物と同じになってしまっては意味がないですよね。個性がにじみ出ているほうが、書いていることが信用できます。

POPに書くことはどうやって決めよう？

夢眠　いつも本を読むとき、どんなところに気を付けていらっしゃるんですか？
内田　まずは、文章・イラストを問わず「このページがすごい！」「このフレーズがすごい！」と思うところをチェックします。あとは作るPOPのイメージを膨らませながら、ざーっと読んでいきます。「このフレーズはしびれる！」というものがあったら、それを使ってしまっていいと思います。ちなみに、タイトルは書いても書かなくてもいいです。
夢眠　どうしても書いちゃうんですよ、タイトル。今日お話を聞くまでずっと、本と同じように書かなきゃいけないと思っていたので……。
内田　WEBに載せるときはタイトルがないと分からない場合もありますが、書店には本の実物があるので、タイトルはいらないです。著者の名前も同じで、いらない場合もあれば「この人が書いた本だ！」というのを大きく出したい場合もあります。それを上手にやっているのが、ヴィレッジヴァンガードさんのPOPですね。タイトルや著者名には関係なく、いいフレーズがあるならそのフレーズを、読んでいるときの気分ならその気分を、安さがその本の最大の長所なのであれば「お買い得！」と書く……というふうに、ワンフレーズになっているんです。そういうPOPには、やっぱり足が止まるんですよ。POPの最大の狙いは足を止めることなんです。

夢眠　ほしい本がすでにある人は別ですが、そうでない人にとってはたくさん本があって選べないですもんね。

内田　そうなんです。何を買ったらいいのか、何を探したらいいのか分からない人が増えているので、POPは大事な道しるべになるわけです。ちょっとだけ授業っぽいことをやりますと、POPの「はひふへほ」について、いつも学校とかで話すんですが……。

夢眠　「はひふへほ」……？

内田　まず「ひ」は、「ひどいなーっ」です。愛があるのなら、POPは「ひどいなーっ」でもいいんですよ。「ふ」は、「ふつう」。そんなにうまく書こうとせず、普通に書けばいいと。僕が好きなのは、「は」と「へ」と「ほ」です。「は」は、「はっとさせる」。僕は「はっとさせる」POPを書く人ではないんですよね。

夢眠　えっ、そうなんですか？

内田　ワンフレーズでズバッと言い切っていたり、デザインがどぎつかったりするのが

「はっとさせる」POPです。ヴィレッジヴァンガードは「はっとさせる」タイプかもしれないですね。僕のPOPはむしろ「ほ」なんですが……。

夢眠　「ほっとさせる」か……(笑)。

内田　「はっと」はインパクトで、「ほっと」は癒しなんです。次に「へ」ですが……「へ」はなくてもいいんだけれど……「へぇー、なるほど」です。あとは「はひふへほ」から少しずれますが、五感に訴えかけるPOPはやはり効果が高いです。今は光るPOPも珍しくなくなりましたが、あれは本当に効くんですよ!

夢眠　光るって、LEDか何かですか?　あ、なんだかカラスよけみたいなPOPですね。

内田　カラスはよけて人は集まってくるということです(笑)。他には匂いのするPOPもありますよ。

夢眠　匂いまであるんですか!?

内田　コーヒーの匂いのものもありますし、ホラー小説に付けるPOPなら線香の匂いが向いていますね。

夢眠　何でもありですね(笑)。

内田　そこでちょっと朗読が聞こえたりすると、さらに関心を引くことができます。今はDVDを流す売場も増えましたが、動きのあるものもやっぱり効果がありますね。

夢眠　スーパーマーケットの鮮魚コーナーで「おさかな天国」が流れているイメージです

ね。「さかな　さかな……♪」って聞いているうちに買ってしまいます。

内田　洗脳に近いですね（笑）。……あ、それならねむさんに「本を読めば〇〇」と歌ってもらえばいいのか。

夢眠　歌いますよ！　「本を読むと頭が良くなる」とか「モテる」とか（笑）。

内田　あとは「かっこいい」とかですね。僕は、本を買ったあと読まなくてもいいと思っているんです。「本を持っている自分がかっこいい」というのもありだなと。読まない人たちにどうやって興味を持って書店に親しんでもらえるか、買っていただけるか。そこから入ってくるものって、ものすごくあると思います。

いよいよPOP作り！

内田　今回は、一緒に三省堂書店で選んだ仕掛け絵本『きょうの　おやつは』のPOPを作っていただこうと思っているんですが。そろそろPOP作りに移りましょうか。

夢眠　どんなPOPにしようかなあ……。さっきの法則に沿うと、カバーとタイトル文字の色とかぶるから、水色と赤色は避けるべきですよね。

内田　僕はそのほうがいいと思います。

夢眠　この本ではホットケーキを作るから……（本を読みながら）おいしそうだなあ。

（ここからは絵本の内容を想像しながらお楽しみください）

夢眠　ホットケーキを描きたいなあ。あと鏡っていうこの本最大のポイントが……それをネタバレしないように……。

内田　そうですね。これは本当に「一目見れば絶対に惚れる」という自信がありますよね。出会ったら最後、絶対買いたくなる、欲しくなる。「ぜひ手にしてみてください」と書いてみるのはどうですか？

夢眠　ごちゃごちゃ言うよりは、「手にしてみては」と言いたいですね。

内田　「絶対に誰もが好きになる。一度出会ったら最後」と。「アイドルの夢眠ねむみたい」って書いちゃうのもいいかも？

夢眠　謎の売り込み！（笑）

内田　まずは誰に訴えかけるかですね。子ども目線なのか、親なのか。

夢眠　夢眠書店にはちびっ子もいっぱいいてほしいですが、やっぱり親世代に買っていただいて、ちびっ子に伝えてもらいたいです。

内田　そうすると、親御《おやご》さん向けのフレーズの選び方も必要ですね。

夢眠　イメージがなんとなくできてきました。さっき教えてもらった「重ねてはみ出させる」というのをやってみたいです。フライパンをバーン！　と付けたい。

内田　なるほど、いいですね。

夢眠　内田さんは、だいたいの想像図ができてから作り始めるほうですか？

内田　僕は考えながら作りますね。ＰＯＰって、組み合わせなんですよ。このイラストを飛び出させるのか、枠内に収めるのか。キャッチやタイトル、イラストがあって、それをフレームにどう収めるか。考えながらやると結構楽しくて、学校でＰＯＰの授業をすると小学生はとても喜びます。授業をやるのは中学校が多いですが……。

夢眠　何の授業でやるんですか？

内田　国語ですね。中学2年生のカリキュラムにあるんですよ。「ＰＯＰを書こう」もしくは「本の帯を作ってみよう」。

夢眠　進んでるなあ。今はそんな時代なんですね。

内田　学校の先生としては、帯よりもＰＯＰのほうが個性が出しやすいと考えているようです。僕が授業をしに行っている学校では、毎年お題が『走れメロス』なんですよ。僕はその学校に5年間行っているので、これまでに１２５０枚の『走れメロス』のＰＯＰを見てきましたが（笑）、同じものは一枚もないです。それが面白い。やっぱりＰＯＰには個性が出るんです。ＰＯＰ作りに「絶対」はないですからね。作る人が楽しんでいて、見た人にも楽しんでもらえれば、それでいいんです。作る側もみんな自己流なんですから。切ったり貼ったりするのが楽しいんですよね。

夢眠　楽しい！　すでにめちゃめちゃ楽しいですよ。

内田　それがすごく大事だなと思っています。
（両者黙々と作業）
夢眠　あ、でかっ。ホットケーキのほうがフライパンより大きかった（笑）。
内田　そういうのも楽しいですよ（笑）。……僕みたいなおじさんも、家でこういうふうにＰＯＰを作っているんです……。
夢眠　ご自宅で作っているんですか？
内田　店だと書けないんですよ。店では一枚も書いたことがないです。
夢眠　へぇ～！　時間外労働というわけですね。
内田　好きでやっていることですからね。ストレス解消法でもあるんです。これをストレスに感じるようになったら、僕は仕事を辞めます。
夢眠　男の子目線で、ちょっとクールなＰＯＰにしてみました。文章、長いかな……。でもなあ……悩むー！
内田　……無言になりますね。蟹を食べているときと、ＰＯＰを書いているときは（笑）。

できあがり！　完成したＰＯＰを見てみよう

内田　ついに完成しましたね。さっそく見てみましょうか。

夢眠　内田さんのＰＯＰ、すごーい！　癒し系ですね！

内田　あっ、これ、スヌーピーじゃないですからね（笑）。それにしても、ねむさんの作ったホットケーキはすごい再現力ですね。

夢眠　本当ですか？　嬉しい。でも、ただの食いしん坊ですよ。この角を丸めるというのも……教えてもらったことを全部パクるという（笑）。

内田　教わったことをちゃんと実践してくださって（笑）。

夢眠　内田さんのＰＯＰの「みきくけこ」って、どういうことですか……？

内田　答えは「かがみ」と書いてあります。

夢眠　？？？

内田　かきくけこの「か」が「み」で、「かがみ」。

夢眠　キー！　全然分からなかった。

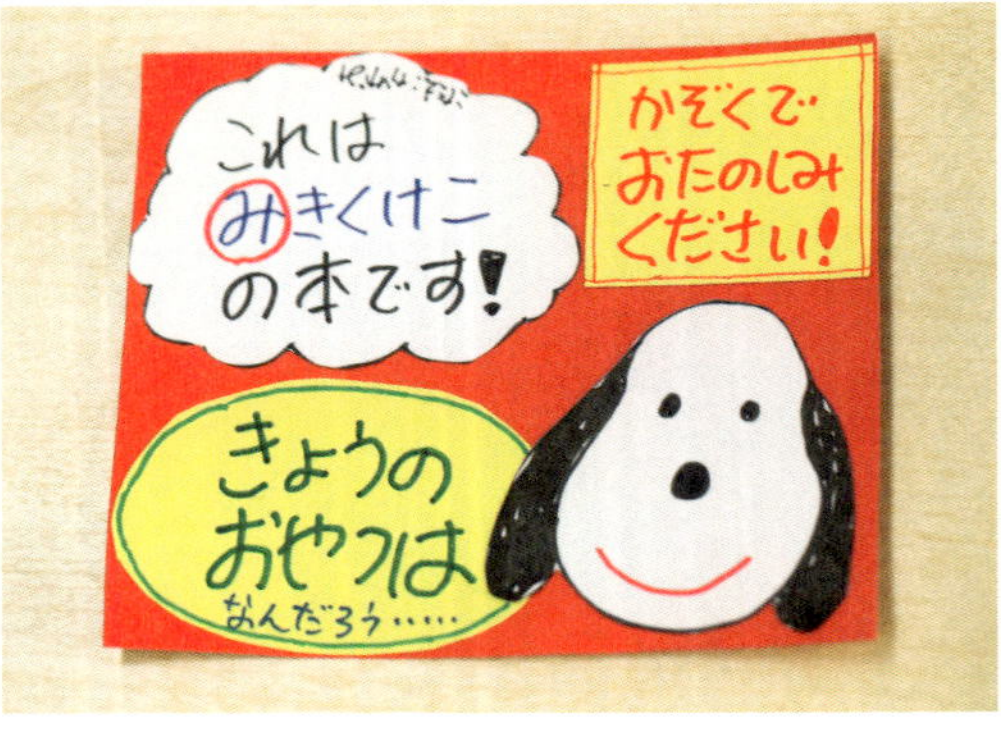

内田　まんまと術中にはまりましたね（笑）。
夢眠　私の作ったPOPどうですか？　講評をお願いします！
内田　とても素敵だと思います。この本の良さを的確に表現していますね。すごくいいと思いますよ。
夢眠　わーい！
内田　このPOPを見て、本を読みたくなりました。
夢眠　本当ですか？　嬉しい！
内田　象徴的なのはフライパンとホットケーキですね。ちゃんと教えを守って。
夢眠　ネタバレになってしまうので悩みましたが。
内田　いえ、導入にはいいですよ。これ使いたいなあ……。
夢眠　えっ、使ってくださるんですか？
内田　もちろん。即戦力のPOPだと思うので、このまま使います。
夢眠　嬉しい!!（拍手）
内田　本好きになるための入り口作り、きっかけ作りはとても大切なので、そういう意味で磁石の役割を果たして

くれるＰＯＰだと思います。やっぱり「繋げること」と「伝えること」なんですよ、この仕事って。それは、ねむさんの本業、アイドルでも一緒なんじゃないかなと思います。

ＰＯＰの役割と、夢眠書店でやるべきこと

夢眠　最後に、夢眠書店にアドバイスをいただけますか？

内田　本や書店に興味のある人は、いっぱいいるんですよ。僕たちは、そういう潜在的な方たちに、まだまだ訴えかけができていないと思っています。だから、アドバイスをするというよりは、新しい読者や、これまで本にあまり興味のなかった人に興味を持ってもらえるような掘り起こしを、一緒にアイデアを出して工夫しながらやっていきたいと思います。そういう意味で、僕はもう仲間だと思っているので。

夢眠　えー、本当に嬉しい！　本を絶対になくしたくないと思います。

内田　本は人間が人間でいるためのライフラインだと、僕は思っています。いい本、人生を変えるような本が、生涯で何冊かは必ずあるはずだし、それを伝えていく、繋げていくことが、僕たちの使命だと思っています。これからも一緒に頑張っていきましょうね。

夢眠　本当に励まされました。ありがとうございました！

今回の感想

「この本を読んでほしい！」という本屋さんからのメッセージが載っているのがPOP。じっくり読んでみると、本屋さんがいろいろなら書店員さんもいろいろ。書店のPOPは、その書店の個性が一番分かりやすく出るところかもしれません。「目的なく本屋に来て、POPに惹かれて本を買った」という経験のある人はもちろん、「本、そんなに買わないなぁ……」という人にも手に取ってもらえるような「POPの極意」を学べました！　目からウロコが落ちるようなこともたくさんあったので、即、夢眠書店に活かしたいです。

第5話　一日数万人が訪れる本屋さんの裏側

さあ、いざ本当に本屋さんを開店するには、本屋さんが日々どんなお仕事をしているか、それぞれにはどんな役割があるのかを知る必要があります。そこで今回は開店前の紀伊國屋書店新宿本店さんに潜入！　本が届いてから店頭に並べるまでや、本屋として営業するために必要なことなどを伺います。

今回の対談相手

大矢靖之

紀伊國屋書店新宿本店 仕入課

2006年紀伊國屋書店入社。
高松店・梅田本店・福井店に勤務し、
'14年に新宿本店仕入課へ。

書店員の一日を体験!

夢眠　本日は、夢眠書店開店のための書店員研修ということで参りました。よろしくお願いします!

大矢　こちらこそ、よろしくお願いします。本日ねむさんには「紀伊國屋書店新宿本店の一日スタッフ」として実際の仕事をやってみていただこうと思っているので、まずはエプロンに着替えてください。ねむさんの名札も用意しました。

夢眠　わーい!　ちゃんと「夢眠」って書いてある。感激です!!

大矢　着替えが終わったら、まずは届いた本を受け取る「荷受け」を見てみましょう。

夢眠　すごい!!　ここまで大きい本屋さんだと、届く箱の数がかなり多いですね。

大矢　一日のうちに時間差で何便も来るので、今日は全部で5便。今午前9時過ぎですが、あと2~3便は来ます。町の本屋さんだと数箱の場合

も多いですが、注目の新刊がある時は、その商品だけで10箱くらい届くこともありますね。今日はやや落ち着いていますが、普段は一度にパレット5台分くらい、箱数でいうと100箱以上が届きます。

夢眠　「新宿本店なら、発売日に行けば絶対ある」っていう安心感もありますよね。それが箱の数にも表れてるんだ……。

大矢　届く商品の量が多いので、速やかに荷物を入れなければならないんですが、その一方で「正確に荷物が届いているか」を検品する必要もあります。なので、手分けしてスムーズに進めることが大切なんです。

夢眠　ＣＤは水曜発売が多いっていいますけど、本は新刊の多い曜日ってあるんですか？

大矢　週ではなくて、一か月のうちのどこかに新刊発売が集中することが多いですね。新書や文庫はレーベルそれぞれに発売日が決まっているので、それが重なったりすると新刊の量が激増します。そういう時も「量多いなー！」って言いながら、頑張っています。

それでは続いて、届いた本がどこへ行くのかを見に行きましょう。ここは、届いた荷物が運ばれてくるところです。荷物が届いたら、この敷物の上や台車に、商品を出してどんどん置いていきます。

夢眠　段ボールごと乗せるんだと思ってた！　本を箱から出して置くんですね。

大矢　そうです。だから商品が直接触れる台車の荷台は土足で踏んじゃいけません。

夢眠　荷台に数字が書いてありますが、これは何ですか？

大矢　フロアを示していて、30は「3階」、60は「6階」という意味です。3階は「社会」と「人文」という2つのジャンルがひとつのフロアにまとまっているので、「30」「35」というふうに記号を振っています。自分たちの間で通じる暗号みたいなものですね。新宿本店は別館にコミック売場があるので、届いた商品にコミックが入っていたら、それも切り分けます。本が届く1〜2日前には、どんな本が届くのかを新刊の出荷リストでチェックします。それを見ながら、「どういう本が届くか」「どれくらいの量か」「ここでどう分けるか」を事前にイメージしておくんです。量が多いものは「目玉商品なんだな」ということで、頭の隅に入れておきます。

新宿本店には一日に何便もトラックが来ます。取次も1社だけではないですし、出版社から直接届く商品もあります。それぞれに新刊や補充品、お客様からの注文品がありますし、商品だけではなくて、販促のためのポスターやＰＯＰなども届きます。なので、ここで商品を分ける時も「新刊を分ける人」「補充品を分ける人」というふうに、役割分担して進めています ね。

夢眠　みんな足腰強そう……！

本を並べる時に大切なことって何だろう?

大矢　では続いて、昨日売れた商品の補充をします。実際にねむさんに文芸書の補充をしてもらいましょう。補充分を取ったらブックトラックに載せて、売場まで押していきます。

夢眠　はい!

大矢　新刊担当の人は毎朝、新刊を店頭に並べる一方で、前日の売上データを見ながら「昨日売れて今日も売れるもの」を補充していきます。バックヤードの在庫置き場も、例えば芥川・直木賞受賞作や著名人の本など売れ筋のものは、すぐ補充できるように出入り口近くに置いています。開店の準備をしながら、「この本はテレビで紹介されたみたいだよ」「大きく広告が出てたよ」という情報をフロアで共有していますね。お店に来るまでに新聞などで昨日あったことをチェックしておくのも、私の仕事のひとつです。

夢眠　なるほど……。

大矢　通常はこれを押しながら、店頭に並べるものを在庫の棚からどんどん取っていくんですが、今回はこのまま1階の売場へ行きましょう。

夢眠　よし、行ってきます！（ゴロゴロゴロ……）

大矢　それでは、補充分を並べてみましょうか。補充前の平台を見てみると、手に取りやすいところから減っているのが分かりますよね。ここに商品を補充していただきます。気を付けることは「取りやすさ」と「量」です。この本は他の場所でも展開しているので、少し残しておきましょう。「どこにどう配分するか」を考えるのが重要なんです。

夢眠　いっぱいありすぎてもだめですもんね。ちょっと足りないくらいがいい。

大矢　それに、多すぎると棚や台から落ちてしまったりもしますからね。陳列の高さも重要です。床から75～135センチのゾーンを「ゴールデンライン」というんですが、そこが最も見やすく手に取り

やすい高さなんです。注目商品はお求めになるお客様が多いので、ストレスなく買っていただこうということで、ゴールデンラインに並べます。

夢眠　「ゴールデンライン」か！　確かに、まずそこに目が行きますね。私もまずそこを見て、そこから周りの本が目に入って、いつもいっぱい買っちゃう……。

大矢　まさにそうです。ゴールデンラインに売れ筋の商品を置いて、その周りに、似ているもの、キーワードが共通しているものを並べます。ストレスなく関連商品に関心をもってもらえるよう陳列するのが、本屋さんの隠れた仕事ですね。

夢眠　おもしろい！　そうだったんですね。

ねむちゃんも朝礼に参加！

大矢　そろそろ朝礼の時間ですね。開店前にはレジの準備、商品補充やカウンター内の整理もするんですが、それが一段落したところで朝礼を行っています。今日入った新刊や、お客様からの要望など、皆が知っておくべきことを共有するんですよ。このままねむさんも朝礼に参加しましょう。

夢眠　えっ、いいんですか!?　わーい！

（朝礼では、売上と目標の確認、好評を得ている売場の情報、注力している商品の売れ行きや、イベントの予定、チェーン内他店の情報などが伝達されます。最後に「接客五大用語」を唱和して、朝礼は終了します）

夢眠　なんだか今日は本に関するニュースが多いですね……。

大矢　だいたいいつもこれくらいですよ。例えば有名な方が亡くなった時は、その方の作品や関連書に関心が集まりますので、共有しておくことが大切なんです。開店前はこんなふうに、限られた時間の中で情報を共有しています。これで開店準備は終わりです。

「大きいけれど画一的ではない」本屋の作り方

大矢　開店準備、お疲れさまでした。

夢眠　ありがとうございました！　現場を見せていただいて、フロアの多さや本の量はやっぱり新宿本店ならではだなと思いました。私、なんとなく、これくらいの大きな書店になると「全て上の人間が決める」みたいなイメージがあったんですけど、実際は結構柔軟なんですね。

大矢　そうですね。「この店だから売れる」と思うものを仕掛けることも大切ですし、出版社が広告・宣伝に力を入れている主力商品に対しては「売らなきゃいけない」という使命感もあります。担当者はそれを分かっていて、売りたい本と売らなくてはいけない本を組み合わせて、棚を作っているんです。

夢眠　フロアや担当者の方のカラーを大切にされているのが、すごくいいなって思いました。お忙しい中で、売りたい本を仕掛けるにしてもなかなか「これだ」って決めて売場を作るのは難しいかもしれないけど、当たった時はめちゃくちゃ嬉しいですよね。

大矢　感覚としてはゲームでハイスコアを出すのに近いところがあるので、ゲーム感覚で棚を作っている人などはよく当たっていますね。

夢眠　「このフェアをやる」っていうのは、どうやって決まるんですか？　さっきの朝礼でもありましたが、「誰々が亡くなったのでコーナーを作ります」というように、ニュースにあわせてフェアを作ることもあると思うんですけど、季節のフェアとか、担当者が「どうしてもやりたい」といってフェアになることもありますよね。

大矢　そうですね。それもジャンルによってさまざまで、例えば実用書などは、バレンタインの時期なら手作りお菓子の本、年末なら大掃除の本、というふうに季節にあわせてフェアをやることが多いです。

夢眠　確かに！　本屋さんの売場って、並んでいるものから季節を感じます。

大矢　うちは常設の「フェア棚」があるので、担当者が「次はこれをやりたい」ということもありますし、「もう少ししたらこの棚が空くけど、何かアイデアある？」というふうに聞いてみることもあります。

夢眠　ちなみに紀伊國屋書店さんは、新宿本店だけでいうと一日にどれくらいのお客さんがいらっしゃるんですか？

大矢　入店されるお客様の数を単純にいうと、一日あたり数万人ですね。平日と土日でかなり変わりますが、間違いなく数万人の方が来店されています。

夢眠　「本屋に行く人が減っている」とか「本屋に行く回数が減っている」とか言われていますけど、それでも数万人がこのお店を訪れているんですね……。

大矢　その中にはやっぱり、時間つぶしになんとなく売場を見るだけという方もいらっしゃいますよ。でも私は、おそらくそれでいいんだと思います。それは本屋が人々の生活の一部になっているということですし、そういう店でありたいと常々思っています。

夢眠　私もよく、待ち合わせ場所に紀伊國屋書店新宿本店の前を選びます。駅からも近いし、約束の前にちょっと見ていこうと思って早く家を出たりもしますね。確かに生活の一部として溶け込んでる証拠かもしれない。

大矢　嬉しいです！　ちなみに「新宿なら紀伊國屋書店の前で待ち合わせ」というのは、１９６０年代・70年代に主流だったそうですよ。

夢眠　えー！　じゃあ私、古風なんだ（笑）。

大矢　当時はカルチャーの聖地でもあったので、待ち合わせ場所に選ぶ方が多かったんでしょうね。それが連綿と続いて、今も定着しているということなんだと思います。

夢眠　本を売っている場所に物語があって、皆が今もそれを担っているって、すごくいいですね。その数万人もいるお客さんにスタッフの方は対応されているわけですけど、スタッフの方は何人くらいいらっしゃるんですか？

大矢　売場に立つスタッフでいうと、２００人は超えます。私のような物流や仕入れの担当、総務、経理などを含めると、３００人を超えますね。

夢眠　大きなビルですもんね。ちなみに新宿本店にはエレベーターガールがいらっしゃるのも特徴のひとつだなと思っているんですが……。

大矢　エレベーターガールは昭和の頃からずっといて、今は全部で5人。「デパートのように」というのが初代社長の考えでもあったようですよ。

夢眠　「デパートのように」ということでいうと、2階にはコンシェルジュがいらっしゃいますよね。

大矢　エレベーターガールが本の置いてあるところまでご案内するわけではないので、大まかなことはエレベーターガール、より詳しいお問い合わせにはフロアのスタッフやコンシェルジュが答えるというふうに役割分担されています。大きなお店でお客様ひとりひとりにしかるべき形で本が届くようにするための、組織のあり方ですね。

夢眠　すごーい！　そうなんですね〜!!　ちなみにコンシェルジュには、どんな方が選ばれるんですか？

大矢　フロアで経験を積んだベテランのスタッフや、接客の経験が長い人たちから選ばれていて、英語ができる人もいます。コンシェルジュが2階にいるのは、来店してまっすぐコンシェルジュに問い合わせる方が多いからなんです。「欲しい本があるけれど、売場が広くて見つけられない」という時にすぐに対応できるように、コンシェルジュを置いています。

夢眠　大きい本屋さんだと端末が置いてあって、そこで売場を探すっていうのも多いですけど、やっぱり人に教えていただいたほうが、欲しいものに早くたどり着けることがありますよね。書店員さんの脳みそ、本当にすごいですよね！

大矢　新宿本店の場合は、私がだいたい毎日主要な新聞はすべて読んで、目立ったものは商品の情報とあわせてメモしてあるんです。特に大きく広告が出ているものなどは、「これは売れると思うよ」というふうにフロア担当に伝えたりもしています。

書店発信のツイートは「家で見られるPOP」

夢眠　紀伊國屋書店さんはインターネットもうまく使っていらっしゃる印象があるんです

が、大矢さんはいわゆるお店の公式アカウントの「中の人」なんですよね。

大矢　そうですね。ツイッターで仕入速報などをつぶやいています。紀伊國屋書店でツイッターをやっているのは、本の情報を発信するというのはもちろんですが、例えば「本を見かけたことはあっても、著者のことは知らなかった」という方に、ダイレクトに流せるようにしたいという思いもあります。それに著者の方を応援したいという気持ちもあるので、「中の人」としては、インターネットで話題になったものや、「この人の可能性を押し広げたいな」と思った時、発信しています。本業はフロアの商品の流れを司《つかさど》ることであって、ツイッターを運用することではないので、紹介できる商品や内容って限られているんですよね。ただ、空いた時間を見つけて、個人的なレベルではあるけれども「紀伊國屋書店新宿本店」というもののブランディングに関わろうとしています。

夢眠　書店さんがＳＮＳでされている情報発信って、「家で見られるＰＯＰ」的な側面があるじゃないですか。「売れてます」もそうだし、「売り切れました」っていうのも体感として、すごく宣伝になるなあって思ったんですよね。「中の人」が「この売場でこんな風に展開してますよ」というのを写真で見せてくれていたら、そのおかげで欲しかった本をすぐに見つけられたり、この本欲しいなって思ってもらえたりすると思うんです。すごく大切なお仕事だなと思います。

大矢　そこまで見てくださっているとは、さすがですね。まさにその通りで、「タイトルは知っているけど書影が分からない」「書影のデザインを知らないから、売場に行ってもなかなか見つけられない」という方は多いと思うんです。なのでツイッターで情報発信する時は、本の説明と一緒に棚番号を書くようにしています。フロアと棚番号と書影があれば、置いてある場所が探しやすいですよね。

夢眠　「見つけないと買えない」って、本屋の売りでもありネックでもありますよね。偶然出会うっていうのが素敵な一方で、諦められちゃったら終わりで、それこそ「ネット書店で買おう」と思われちゃう。

大矢　それに「探しに来たのに見つけられなかった」って、お客様にとってはストレスですよね。品出しの時にもお話ししましたが、「目につかないものは売れない」という当たり前のことをないがしろにしないで、どう目につくように陳列するかは徹底して考えます。本屋にとっては重要な仕事ですね。

夢眠　あとツイッターだけじゃなくて、トークショーとかイベントとか、そういう催し物もされていますよね。

大矢　いつから始めたかははっきり分からないんですが、うちはイベントにはかなり力を入れています。特にねむさんのような芸能人の方がいらっしゃるイベントだと、囲み取材があって、それが翌日ニュースになったりしますよね。それは「こういう本が出ましたよ」という告知の意味もあるので、一冊でも多く本を売るためには重要なことです。なので出版社や事務所の方も積極的になっていて、最近はかなりイベントの数が多くなっています。
夢眠　私はアイドルなのでイベントを色んなところでやっていますけど、その中でも紀伊國屋書店でのイベントというと、ちょっと格式高い感じがして惹かれます。
大矢　それはやっぱり、創業以来培われてきたイメージがあるからでしょうね。「文化人や文芸作品を愛する」という初代社長の思いがまずあって、１９７０年代にカルチャーの聖地になったこともその理由だと思います。

書店員に必要なことって何だろう？

夢眠　大矢さんは、どうして書店で働こうと思ったんですか？
大矢　私は紀伊國屋書店に入社する前、大学院で研究をしていました。就職活動を始めたばかりの頃に紀伊國屋書店が採用情報を出しているのを見つけて、受けてみたらすぐに受かって。大学にいた頃はフランス哲学を専攻していて、フランス語をメインに、他の言語もちょこちょこ勉強していたんです。そうすると国外のニュースをキャッチできたり、まだ日本語訳されていない本のことが分かったりするので。それは今の仕事につながっているなと思います。
夢眠　すばらしい……。そういうのって、知識がないとできないことですよね。

大矢　知識がなくても、向上心のある方やお客様対応の上手な方なら、書店での仕事はできると思いますよ。もっというと、別に本がそこまで好きじゃないという人だって、本屋の仕事はできます。自分の店でどんな本が売れるかが分かれば、システマチックにはなってしまいますが、本屋として回していくことはできますね。

夢眠　本が好きな人ばかりが集まると、お店として偏っちゃうんですかね。スタッフのたくさんいる大きなお店だから、ものすごく本を愛している人も、データで売場を見る人も必要というか。

大矢　そういう面もありますね。ある本がものすごく好きで、実際に売れているといっても、その本だけで1フロアを全部埋められるわけではありません。「それはちょっとやりすぎなんじゃない？」という視点から意見を言える人は、いなくてはならない存在ですね。

夢眠　「ねむきゅんのファンだから、1階を全部ミントグリーンにしたい！」と言ったとしても……

大矢　「この棚1本だけにしとこう」と言う人が必要です（笑）。

夢眠　バランス感覚が大事ですね。最後にこれから夢眠書店を開店しようとしている私にアドバイスをお願いします。書店員として必要な資質ってありますか？

大矢　それがすべてではないですが、ありますね。受け応えがしっかりしている人は接客もうまいだろうし、抜きん出ていなくても社交性はある程度あった方がいいです。本とはあまり関係のないところが、実は一番大切だったりしますね。知識は後から教えられるので。

夢眠　やった、私、書店員としていけるかもしれない!!　今日は本当にありがとうございました。あっ、「紀伊《きの》茶屋《ちゃや》」（新宿本店1階にあるカフェ）で三重のかぶせ茶を売ってる！　提供してるお店、なかなかないのに！

大矢　「紀伊茶屋」の日本茶はいろんな産地から選んできています。抹茶ソフトクリームも人気で、海外の方がよく食べ歩いてらっしゃいますね。

夢眠　私、三重県の「みえの国　観光大使」なので、かぶせ茶にPOPを書きたいです！

大矢　ぜひお願いします！

今回の感想

紀伊國屋書店新宿本店さん、といえば、「あの天下の！」というのが私のイメージ。買う予定がなくふらりと立ち寄っても、出るときには両手に紙袋をさげている……なんてことも。品揃えが素晴らしく、ついついたくさん買ってしまう魅力的な本屋さんなのです。見本になるべき「本店」だからこそその苦労と矜持があり、ここまで大きい規模の店舗だとさすがにガチガチにルールが決まってるのかな、と思いきや、店員さんひとりひとりの個性が活かせる余白もある、柔軟なところも。ＳＮＳの使い方も、家にいながら本屋さんに足を運びたくなる内容で……学ぶことがたっぷり。とても勉強になりました！

第6話　本を売るための宣伝とは？

本屋さんのお仕事、店頭で本を魅力的に見せる技術を学んだ夢眠ねむは、本を作る出版社にも営業・宣伝のお仕事があることを知りました。けど、出版社の本を売るための営業・宣伝っていったい何をするんだろう？　ということで、中央公論新社の宣伝部に聞きに行くことにしました。

今回の対談相手

東山健

中央公論新社 営業局 宣伝部副部長 兼 第一販売部

出版販売会社を経て、30歳で中央公論新社に入社。
新聞・SNS・交通広告・映像化イベントの主催など、
書店でより売れるためのプロモーションをと、
日々頭をフル回転させている。

「営業」と「宣伝」、出版の世界だとどう違うの？

夢眠　今日はよろしくお願いします。東山さんは、もともと中央公論新社で営業をされていたんですか？

東山　そうですね。営業で、書店様の窓口や店舗をまわる仕事をしていました。

夢眠　企画やイベントをするのも営業のお仕事なんですか？

東山　今は営業部と宣伝部を兼務しているので、一部の書店様を営業しつつ、イベントや新聞広告を担当しています。

夢眠　本を宣伝するけど、本が原作になった映画も宣伝するし、イベントもするし、新聞広告も打つと？

東山　ツイッターなどもやっていますし、うちの本を売るためにテレビや雑誌に取り上げてもらったり、映画化するために動いたりもします。

夢眠　営業と宣伝の違いは何ですか？

東山　営業は、日販《にっぱん》やトーハンなどの販売会社（取次）と、その先の書店様に本を売り込むのがメインの仕事です。また、例えば「これは映画化する作品なので多めに仕入れたほうがいいですよ」と勧めたり、「大規模な新聞広告を展開するので売れますよ」と情報を伝えたりするのも重要な役目です。一方で宣伝は、その本を書店でたくさん買っていただけるように、新聞広告や電車の中吊りなどあらゆる広告媒体を使って宣伝をするのが仕事。発売当初の宣伝だけでなく、一か月後の宣伝を考えたり、インターネットの検索に引っかかるように広告を掲載したり、若い人にも認知が広がるようなアイデアを練ったりしています。

夢眠　中央公論新社さんは歴史があるので、「伝統を守る」というちょっとお堅そうなイメージがあるんですが、インターネットを活用したり、新しいものもたくさん取り入れていますよね。

東山　「新しいことをどんどんやっていかないとダメだ」というのは分かっているので、新しい試みは必須ですね。

夢眠　テレビや新聞、ラジオ、映画といった他のメディアで、本や読書と相性がいいなと思うものはありますか？　私、ネット記事を読む人は本も読む可能性があるなと思っているんです。

東山　本が売れる・売れないの相性でいうと、まだ圧倒的にテレビの力が強いですね。

夢眠　やっぱりテレビはすごいんだ！　作家さんが出て喋ったりすると売れるんですね。

東山　そうですね。あとはニュースやバラエティなどのテレビ番組内で紹介されて話題になると、非常に売れます。ＷＥＢだったら、「読書メーター」などの、いわゆる本好きが集まるサイトでのレビューも非常に相性がいいと思います。

戦略次第で本は売れる

夢眠　営業も宣伝もすごく難しそう……。頭めちゃくちゃ使うし、大変ですね。何か営業・宣伝の力でたくさん売れた本、うまくいった仕掛けはありますか？

東山　『世界史』という本ですね。ウィリアム・H・マクニールという歴史家が40年以上前に論文として出版したものを、10年くらい前に文庫化して出版したんです。ただ、世界史という硬いテーマなうえに上下巻に分かれていて、さらに定価が各１３００円という本なので、ほとんど大学の図書館などがメインの購買層だろうと予想していたんです。

夢眠　文庫で１３００円はなかなか高いですね！

東山　そうなんです。だから初版も７０００部と少なめで、重版になっても２０００部ずつしか刷《す》らないつもりでした。地道な売り方をする予定の作品だったんですよ。

夢眠　じわじわと売るタイプですね。がっつり勉強する方しか読まなそうですもん。

東山　そんななか、大学生協を担当している営業部員が「今、東大の生協がやっている『世界の中の日本』というフェアで、マクニールの『世界史』が売れているんですよ」って言ってきたんです。「どのくらい売れているの？」と聞いたら、月に40冊くらいだと。「これはいいいな」と思ったんですが、当時、別の作品の宣伝に力を入れていたので、その時は「ちょっと待ってろ」と言ったんです。でも、さらにその後輩がこっそり浜松町の文教堂さんで仕掛けをし始めて。

夢眠　ダメって言ったのに（笑）。どれくらい売れたんですか？

東山　それが、２か月で上下合計で約３００冊も売れたんです！

夢眠　すごい！

東山　そこで、東大・早稲田・慶應の大学生協と、ビジネス街である浜松町で大きく仕掛けようという話になりました。大きく展開してみたら結構好調に動いたんです。

夢眠　勉強熱心な方とサラリーマンの方に刺さったということですね。

東山　そうなると、あとは女性か若い人が狙い目だな、と思って、渋谷のＴＳＵＴＡＹＡさんに持って行きました。初めは「こんな高いもの、売れるわけがない」と言われて地味に展開したんですが、しばらくして「単価が高くて毎週ぽつぽつ売れるから、もう少し広げたい」とお店から連絡をいただいて、あんなに若者の多い場所でも売れるんだと分かりました。女性客が多い横浜の有隣堂さんでもきちんと売れて……。

夢眠　すごい、ターゲット客層ごとに、ちょっとずつ広がっていますね。

東山　こうなったら全国的にきちんとした販売戦略を立てて実施しよう！　と決めた時、東大・早稲田・慶應が持つブランドの力を使って何かキャッチコピーを作れないかと考えました。調べてみると、４月からじわじわ展開をしていたのが功を奏して、大学生協の中だと、その年の上半期、文庫の歴史ジャンルでは売上第1位を獲っていたことが分かったんです。あとは、40年以上前から世界各国で出版されているという安心感と、上下2冊で世界史が網羅できてしまうというお得感を打ち出そう、と決めました。

夢眠　そうか！　1冊1300円と聞くと高いけれど、2600円で世界史を全て網羅できると思うと安いですもんね！

東山　これをまとめて「世界で40年以上読み継がれている名著　東大・早稲田・慶應で文庫ランキング1位！」という帯にしたら、また売上がぐんと伸びました。当時は日本史ブームだったんですが「不人気の世界史、なぜ今？」という感じの切り口で新聞の記事にしてもらったら、テレビの取材にも繫がって。その時は特に大きく売り伸ばせましたね。これだけ単価の高い文庫が50万部売れたので、それはそれは快感でしたね。

夢眠　最初からいきなりガツンといくんじゃなくて、じわじわ溜めてベストセラーに育てたんですね。まさに努力の結晶！　そういうふうに、いい本なのに売れていないものを、何か手がかりを見つけて売っていくのが営業と宣伝の仕事なんですね。本って、やっぱり知られなかったら売れないじゃないですか。本屋さんもそういう役割を一緒にしてくれていると思うんですけれど、出版社さんも仕掛け人の役割をずっとやっていらっしゃるんですね。

売れる本って、どういう基準で見分けるの？

東山　昔は作ったら本が売れる時代だったので、極端に言えば、編集者が好きなものを作って出していればよかったんです。娯楽としての読書のプライオリティが高かったからでしょうね。でもインターネットやスマホゲームが登場して、だんだん本を読む人や時間が減って売れなくなってきている。

夢眠　ということは、企画の選別も厳しくなりますよね。

東山　何が売れるのか分からないのが、難しいところです。編集者が「これは流行る！」と確信を持っていても、商品の本として成功させるのは難しいんですよ。さきほどお話ししたマクニールの『世界史』は、「良くて2刷くらいだろう」と踏んでいたのが、ひょんなことから50万部まで伸びたんですよね。何がどれだけ売れるかの推測は、本当に難しいです。もっとも、担当編集者は「売れて当然だ」と思っていたかもしれませんが（笑）。

夢眠　ちなみに営業部員と編集者って、仲は良いんですか？

東山　昔はどの出版社も、売る側と作る側とで常に相反する立場だったかなと思います。

夢眠　担当編集の方から「これ面白いから売ってよ」と言われても、売れなかったり面白くなかったりしたら言い合いになるんでしょうか……？

東山　面白い・面白くないという評価って、あくまで主観的なものなんですよ。ある人にとっては最高に面白い本でも、もしそう思う人が一握りしかいなかったら、恐らく全国で売っても売れ行きは芳しくないでしょうね。

夢眠　あまりにニッチだと、そこそこ売れたとしても全国的なブームになるのは難しいということですね。

東山　とはいえ、どこから火が付くか分からないのも事実です。なので、最初から売れる・売れないを決めつけるのではなく、担当編集からもらった原稿はまず読んでみる。それで「この書店さんなら売れそう」「この書店員さんが好きそうだな」と判断して、実際に原稿を読んでもらう。そうやって火種を作っていくんです。

夢眠　「人と人との仕事」なんですね。そういえば私、夢眠書店では営業もやらなきゃいけないんですよ。グイグイいく心得みたいなものを、ぜひ教えていただきたいです。

東山　やっぱり「面白い」「読んでほしい」ということをいかにアピールするかが大切です。その熱を書店さんを通じて読者に届けてもらうには、こちらが淡々としていてはダメ。本当にその本が面白いなら「これは間違いない」と伝えるべきです。絶対に読めば喜んでもらえるということは、軸になりますね。ねむさんはキャラクターが立っているし、絵も上手で字もかわいらしいので、夢眠書店ではぜひＰＯＰで作品の面白さを伝えてほしいです。ＰＯＰだけじゃなくて、本の内容を30秒くらいの音声や動画でアピールするのもよさそう。

夢眠「読んでねムービー」か！

東山　サイトにアクセスすると、音声や動画がダウンロードできるとか。

夢眠「喋るＰＯＰ」ですね、いいなあ。やりたい！

今回の感想

「面白い！」「いける！」と確信したら、自信を持ってグイグイ仕掛けていく。誰しもが本を読むわけではない時代、手に取ってもらうまでにはとてつもない努力がされていました。人と人との関係はただの単純作業ではできないし、お仕事には頭をフル回転させてたっぷりと熱意を込めている。営業や宣伝は、そういう風にして「本」の明日を担っているんですね。

第7話　本ってそもそも何なんだろう？

これまで本を売るお仕事について学んできた夢眠ねむですが、ここで大きな疑問が湧いてきました。そもそも「本」って何なんだろう？　どうやって本屋さんに運ばれてくるんだろう？　漠然と当たり前のように思っていた「本」というものについて、実はあまり知らなかったと気付いた夢眠ねむは、いろんな本の流通を担当している日本出版販売株式会社（日販《にっぱん》）に、お話を聞きに行くことにしました。

今回の対談相手

古幡瑞穂

日本出版販売株式会社
マーケティング本部 販売企画部MD企画課長

ネット書店の立ち上げを経て、その後はMDとして
各種マーケットデータを利用した販売戦略の立案や
売場作りの提案を行ってきた。
本屋大賞の立ち上げにも関わり、現在は
本屋大賞実行委員会理事を務めている。

本ってそもそも何なんだろう？

夢眠　そもそもの質問になってしまうのですが、本って何ですか？

古幡　最近はいろんな形の本があって何をもって「本」と見なすかが曖昧になってきていますが、ひとつはISBNコードを持っているかどうかで判断しますね。ISBNはInternational Standard Book Number（国際標準図書番号）の略語です。数字の配列には意味があって、頭3桁の978は固定、その次の4が日本を表しています。その次から出版者記号、書名記号、チェックデジットという並びになっています。

夢眠　えー、そんな意味があったんですね。面白い。

古幡　例えば岩波書店だと、出版者記号が「00」なの。

夢眠　かっこいい！

古幡　昔からある出版社さんほど2桁くらいの小さい番号を持っています。新しい出版社さんだと6～7桁が出版者記号になっている。その続きの番号がその出版社から出ている書籍に割り振ることのできる番号なんですが、全部で13桁というのは変わらないので新しい出版社さんほど残りの桁数が少な

978-4-10-351381-0

固定　日本　新潮社　『本の本』　チェックデジット

くなります。たとえば出版者記号が6桁の場合は書名記号が2桁分なので、100冊しか流通できなくなっちゃう。

夢眠 じゃあ101冊目の本を流通したい場合はどうしたらいいんですか?

古幡 そういうときは新しい出版者記号を取得します。書名記号がたくさん使える老舗《しにせ》の出版社は同じ出版者記号をずっと使っているよ。

夢眠 だから岩波書店の本はずっと978―4―の後が「00」なんですね。

古幡 本を読む上では知らなくても困らないけど、本の裏にはいろいろな意味が隠れていて、知っているとちょっと面白かったりするの。たとえばC分類っていうCから始まる4桁の数字で、販売対象・発行形態・書籍の内容が分かるようになっているよ。ねむちゃん、買ってきた本で確認してみたら? たとえば黒柳徹子さんの本『トットひとり』はなんて書いてある?

夢眠 「C0095」ですね。

古幡 そうすると、一般/単行本/日本文学 評論・随筆・その他だね。

(分類記号の一覧は日本図書コード管理センターのWEBページでご確認いただけます)

夢眠 わー、ほんとだ。じゃあ『コーヒーゼリーの時間』は? 「C0077」です。

古幡 一般/単行本/家事だね。

夢眠 おもしろーい。久住昌之先生の新刊(『ひとり飲み飯 肴かな』)はどうなんだろう?

古幡「C0176」だから一般／文庫／諸芸・娯楽。諸芸・娯楽ってなんでもありなとこだね。こんな感じでざっくりとジャンルや本の体裁が分かるようになっているの。あともうひとつ大切なルールがあります。本には広告を入れてはいけません。なぜなら基本的には「広告が入っているものは雑誌」という考え方になっているからです。あとページ数にも決まりがあって、UNESCOの規定だと49ページ以上と言われています。

夢眠 ZINE《ジン》（個人製作の小雑誌）とかって、ペラペラのもあるじゃないですか。あれは本じゃないんだ。

古幡 そうだね。あくまでも現在の流通のルールでということだけど、ISBNもついていないしね。

夢眠 確かについてない！ 本の定義が分かってよかった。

古幡 ISBNがついて流通している、グッズ付きのものってあるでしょ？ たとえばシリコン鍋とかブランドバッグとか。ああいうグッズにも必ず冊子とかが付いているの。あくまでも鍋は冊子の付録という考え方なのよね。

夢眠「これってフライパンじゃん」って思うようなのが本屋に売られてて、びっくりして気になってたんです。レシピ付きって書いてあったけど、そういう意味があったんですね。こういう本が売れた場合、「本が売れた」ということになるんですか？「フライパンが売れた」じゃなくて。

古幡　文芸書などとは違うくくりだけど、一応「本が売れた」という計上になるね。これがすごく簡単に説明する「本」の定義でした。

夢眠　紙が束ねられていたら本っていう気になってたけど、いろいろ定義があるんですね。そういえば、雑誌にはISBNコードはないんですか？

古幡　ありません。基本的にはISBNコードの代わりに雑誌コードがあって、5桁の数字が刊行形態や刊行頻度を表しているよ。雑誌コードを取る際には、定期的に刊行する約束が必要で、ISBNより取るのが難しいんだよね。「定期的」といっても週刊、隔週刊、月刊、隔月刊、季刊と間隔はいろいろだけれど、どれかに当てはまらないと雑誌コードは発行されないの。

日販って何してる会社？

古幡　今更だけど、ここで日販の仕事について説明しますね。日販は、出版社が作った本を仕入れて書店やコンビニエンスストアに送っている出版専門の商社（取次）です。大体お取引している出版社が３２００社、書店が５０００店、コンビニが３２０００店。出版社と書店・コンビニとがそれぞれ個別に商品を送り合ってお金のやりとりをするのは大変なので、うちの会社があるの。あと、こういう構造になっている理由のひとつに「出版点数の多さ」

があるんだけれど、一日に何点（何タイトル）くらい新刊が出版されているか知っている？

夢眠　知らないです。見当もつかない……。

古幡　実は、一日につき約２００点です。毎日２００点の商品が出て、それを全部チェックしてそれぞれの出版社さんに発注するのは書店さんにとって負担が重すぎるし、出版社さんも何万店とある書店さんに一店ずつ対応するのは大変すぎるでしょ。だから、出版社さんから日販に一括で納品していただいて、日販が仕分けて書店に送る。書店さんは日販から来た荷物を開ければいいだけになっているの。

夢眠　どこにどんな本を送るかは、どう決めてるんですか？

古幡　「仕入部」という組織があって、出版社さんが新刊の説明をしに来てくれるので、出版社さんと日販とで話し合って決めているよ。似た本が過去にどれくらい売れたかのデータがあるから、それを見ながら「じゃあこれくらいじゃないですか？」と判断するの。

夢眠　なんだか全部持ち込みみたいですね。漫画家が「この漫画どうですかね？」って出版社に行って、出版社が日販さんに「これどうですかね？」って聞いて、日販さんは書店さんに「これどうですかね？」っていく感じ。おもしろい。でも日販さんは間に立って大変じゃないですか。

古幡　言って言って（笑）。それと、日販がやっているのは商品の流通だけじゃないんだよ。もっと重要なのは、お金を回収しないといけないこと。書店さんは日販に全出版社分の売上を払い、それを出版社別に日販が支払うという役割があります。

本屋さんが売れなかった本を返せるのはどうして？

古幡　さっきも言ったけど、書店さんは仕入れの時に「何を何冊ください」ってお願いしているわけじゃないから、書籍でも雑誌でも、売れなかった場合に返品することができます。これを「委託制度」といいます。

夢眠　私、書店のアルバイトで返品作業をしていたことがあるんです。悲しかったー。「じゃあこれ返品して」ってたくさん本を渡されるんですけど、小さい書店だったから、「あ、これ私が並べたな」とか思いながら返品の箱に詰めてたんです。かわいそう。

古幡　いま、100冊書店さんに送られたら、割合として何冊くらい返品されると思う？

夢眠　100冊で？　うーん、40冊くらい!?

古幡　センスいいね！

夢眠　当てちゃった！　これバラエティだったら怒られるやつ（笑）。

古幡　現状の40％近い返品率を改善するために、書店さんと一緒に色々と頑張ってます！

夢眠　売れなくて返品って悲しいですもんね。

古幡　返すのにもお金がかかっていて、負担になってます。

夢眠　わー、悲しい。

古幡　これが委託制度。あともうひとつ、ちょっと難しくなるけど、「再販制度（再販売価格維持制度）」といって、出版社が決めた定価で売らないといけない決まりがあります。だから本は原則、書店での値引きとか値上げができません。

夢眠　そうなんですよねー。ただ、海外の本ってめっちゃ安くなってません？

古幡　洋書は違うの。あくまでも和書だけが対象だよ。

夢眠　和書だけなんだ！　なんで安く買えるんだろうと思ってたんです。

古幡　よくよく見ると、値段のところに「定価」って書いてあるものと「価格」って書いてあるものがあるんだよ。

夢眠　えー、知らなかった。「価格」だと安くできちゃうってことですか？

古幡　そうそう、やろうと思えばできちゃう。洋書やバーゲンブックといった値引き可能な本を集めてフェアをやったりもします。

夢眠　そういえば、私は「もの」としての本が好きで、本棚に本を並べるのが好きだから、電子書籍にずーっと手を出さなかったんですけど、移動時間が長いこともあって、最近、買ってみたんです、電子書籍。それからは移動中はもうずっと電子書籍。紙で持ってる本でも移動中読みたいものはもう一回電子書籍で買ったりもします。海外に10日とか行くとなると、紙の本だとスーツケースに読み終わった本を入れるのは重くて。しかも、電子書籍って安いじゃないですか。本が値引きされるっていう感覚に衝撃を覚えたんですけど、電子書籍はなんで値引きしていいんですか？

古幡　先ほど言った「再販制度」の対象じゃないからだよ。あくまでも再販制度は「もの」としての本を対象にしていて、電子書籍は「情報」って定義されているの。電子書籍のように、安さがきっかけで買い続けてくれるのもいいなと思っているよ。最近電子書籍によくある「コミック第1巻無料」とかね。ああいうのが紙の本でもできるといいんだけれど。

夢眠　最近「ちょい読み」みたいなのは始まりましたよね。確かに、ちょっと読むことで「もっと続きが読みたい」って思ったりもしますね。本の値引きの話から思い出したんですけれど、インターネットで無料も有料も含めて動画配信をしていると、無料を見ている人のほうが文句を言うんですよ。「画質がよくない」とか「なんでこのイベント配信してくれないの？」とか。「それって違うじゃん」って！　本来の「お金を払う」っていうのがあってのことなのに、「なんで試し読みで全部読ませてくれないの？」って言ってるのと一緒だし。それって「情報を得るために対価を払う」という前提がなさすぎて。ちゃんとお金を払うから読めるっていうのを言ったほうがいいと思うんです。

古幡　その一部が作家さんの収入にもなるわけだしね。

夢眠　ちゃんと「払った対価が作った人を支えている」っていう感覚の人をもっと増やさないとまずいと思う。私が作る夢眠書店はお客さんにそういう感覚をもっていただけるようなお店にしたいな。

古幡　ねむちゃんの作る本屋さん、楽しみにしてます。頑張ってね。

今回の感想

「本」とは何か。「何かが書かれた紙を束ねたもの」ってこと？　なんて思ったけれど、それだけじゃなくて数字がたくさんのっかっていた！　自分の知らなかった暗号を知って、こっそり色んな本のコードを見てみちゃいました。本は、私に届く前には、書店にあって、取次にあって、出版社にあって……作家さんの頭にあって。ひとつ欠けたらここになかったかもしれない本。本のことがもっと好きになりました。もっと本についてたくさん知りたい！

第8話　本はここから届く！　本の流通センターに潜入

そもそも本とは？　という大きな疑問を解決した夢眠ねむ。今度は「書店の本はどこからやってくるのか」を教えてもらいに、書籍の流通センターにやってきました。とんでもなく膨大な量の本と、巨大な仕分け機械に目が回るねむちゃん。全国の本屋さんに本が届けられる現場を見学します。

今回の対談相手

関野民男

日本出版販売株式会社 王子流通センター所長
1977年に日本出版販売入社。
2016年より王子流通センター所長を務める。

市原真也

同 流通計画室流通計画グループ グループリーダー
1991年に日本出版販売入社。
王子流通センターにて物流システムの企画、
立案や改善プロジェクトを担当している。

流通センターって、何をしているところなの？

夢眠　前回、日販の古幡さんに「流通センターに行けば、実際に本が書店へ届く現場を見られるよ」と教えていただいたんです。本日はよろしくお願いします！　さっそくですが、本の流通センターって何をするところなんですか？

関野　一言でいうと、出版社から搬入された本を仕分けて書店に発送するところです。日本国内には、出版社も書店も非常にたくさんありますよね。書店の立場から見ると、数多くある出版社のそれぞれと連絡を取って本を仕入れるのは大変です。出版社の立場から見ても、ひとつの商品を1万店舗もある書店がそれぞれに必要な数注文してきたら、仕分けて送るのは大変ですよね。取次というのはざっくり言うと、それを取りまとめている会社なんですよ。先ほど流通センターの現場をひと通り見学していただきましたが、実際に目《ま》の当たりにしてどうでしたか？

夢眠　すごかった〜。想像以上の規模でびっくりしました！　王子流通センターでは、一日にどれくらいの本を扱っているんですか？

市原　新刊だと一日約250タイトル、冊数にして約80万冊から100万冊ほどを扱っています。注文品については一日に100万冊くらいありますので、合わせて180万冊から

200万冊を出荷しています。

夢眠　そんなに……。仕分けの機械や出荷のための機械もすごく大きかったです。あのうちの1箱が、私が昔バイトしてた三重県の本屋さんに届くのかもしれないな〜と思いながら見てました。書籍の在庫は、王子流通センターに全国の分が集まっているんですか？

市原　書籍の在庫は王子流通センターの他に web-Book センターにもあります。そこはネット書店向けの流通センターなので、売れ筋の商品に絞って大量に確保しておくのではなく、頻繁には売れない商品でもなるべく多くの種類の在庫を持つことが必要なんですよ。王子流通センターの在庫が10万タイトル・600万冊なのに対して、web-Book センターは55万タイトル・250万冊の商品を持っています。

夢眠　すごい、膨大……！　先ほど在庫のエリアを見せていただいて、「もしここで働くとしたら、本が好きだと辛いかも」って思いました。「あっ、こんな本もある！」って、仕事そっちのけになりそうで（笑）。

関野　作業に関しては、確かにそうかもしれないですね。

夢眠　これだけあっても、世の中で流通している本全部ではないんですよね？

市原　そうですね。王子流通センターでは、一週間あたりにこれくらい売れているものは在庫を持とうという、一定のラインは設けてあります。特に注文品については、取次に在庫があるかないかで、書店に届く日数が変わってしまうんです。

翌月22日までに
メンテナンス
新刊エリア

夢眠　大変そう。本がこんなにあって、書店さんからもたくさん注文がきて、出版社さんからもたくさん本が搬入されて……。「せっかく仕入れたけど、売れなかった。さようなら……」みたいなこともあるんですか？

関野　そういうことが無いように、過去に発売された本の売れ行き、書店の売れ行きのデータをとって、仕入れの精度を上げる努力をしています。売れる数以上に仕入れると、返品に繋がりますからね。

作り手でも売り手でもないけれど、本はただの「モノ」ではない

夢眠　そういえば関野所長は、本がお好きで出版業界に入ったんですか？

関野　いえ、読書に関しては本当に人並みでした。「何を措《お》いても本が好きだ！」というわけでもなくて……。ただ、入社してからはかなり本を読むようになりました。特に仕入れの担当になってからは。

夢眠　作り手や売り手でなくても、そうなんですね。

関野　出版取次で働くとなると「どんな本をどれだけ仕入れるか」「どれくらい在庫を持つか」という判断をしなければならないので、本に関する知識があるかどうかは非常に重要なんですよ。

夢眠　単純にモノとして見ているわけではないってことですね。流通センターの仕事って、注文のあったものをバーッと機械的に仕分けるだけだと思ってました。出版取次の「使命」は、やっぱりちゃんと全国の書店や読者に欲しい本を届けるっていうことですか？

関野　そうですね。その中でも、私たち物流部門は、本を効率よく、確実に、早く書店に届けることがミッションです。

夢眠　もしここがストップしちゃったら、全国の本屋さんに本が並ばないってことですもんね……。

関野　東日本大震災の時は、被災地はもちろんですけれど、ここも被害を受けましたね。

夢眠　（当時の写真を見て）うわあ〜……。自分の家の本棚でもぐちゃぐちゃになったので、これを復旧するのは大変だったんじゃないですか？

関野　在庫の棚は倒れるわ、防火用のスプリンクラーは折れるわ……なかなか大変な状況でした。当日は金曜日でしたので、週末のうちに何とか持ち直したいということで本社を含めて全社員に作業応援

を呼びかけて、月曜日から通常稼動できるまでに戻しました。

夢眠　ええっ！　すごい!!

関野　全国に本を届けるというのが、私たちの仕事ですから。それは昔も今も変わらないことです。

夢眠　涙が出そう……私、夢眠書店を作るって決めるまでは、本といっても作家さんと本屋さんのことくらいしか思い浮かばなかったんですけど、この連載を通して、本が私たちのところに届くまでにはいろんな人たちが関わっているんだっていう「つながり」が見えて、すごく感動して……。やっぱり流通センターで働く皆さんが一番やりがいを感じるのは、自分たちが送り出した本が本屋さんに並んでいるのを見た時ですか？

関野　そうですね。書店に本が並んでいるのを見ると、「お客さんに一日でも早く本を届けることが、私たちのやるべき仕事だな」とあらためて身が引き締まります。

夢眠　今日は本当に楽しかったです。貴重なお話をありがとうございました！

今回の感想

「流通センターすごいよ！」という噂をずっと聞いていたんですが、本当にすごかった！　いたるところに本・本・本。かなり幸せな空間！　本屋でバイトしていた時によく触れていた、発注した本が詰まった段ボールがこんなふうに作られていたとは。簡単にネットで発注できる本も便利だけど、本屋さんの進化だってすごい！　さまざまな発明のおかげで、私たちはちゃんと本を手にできているのだなぁ……。

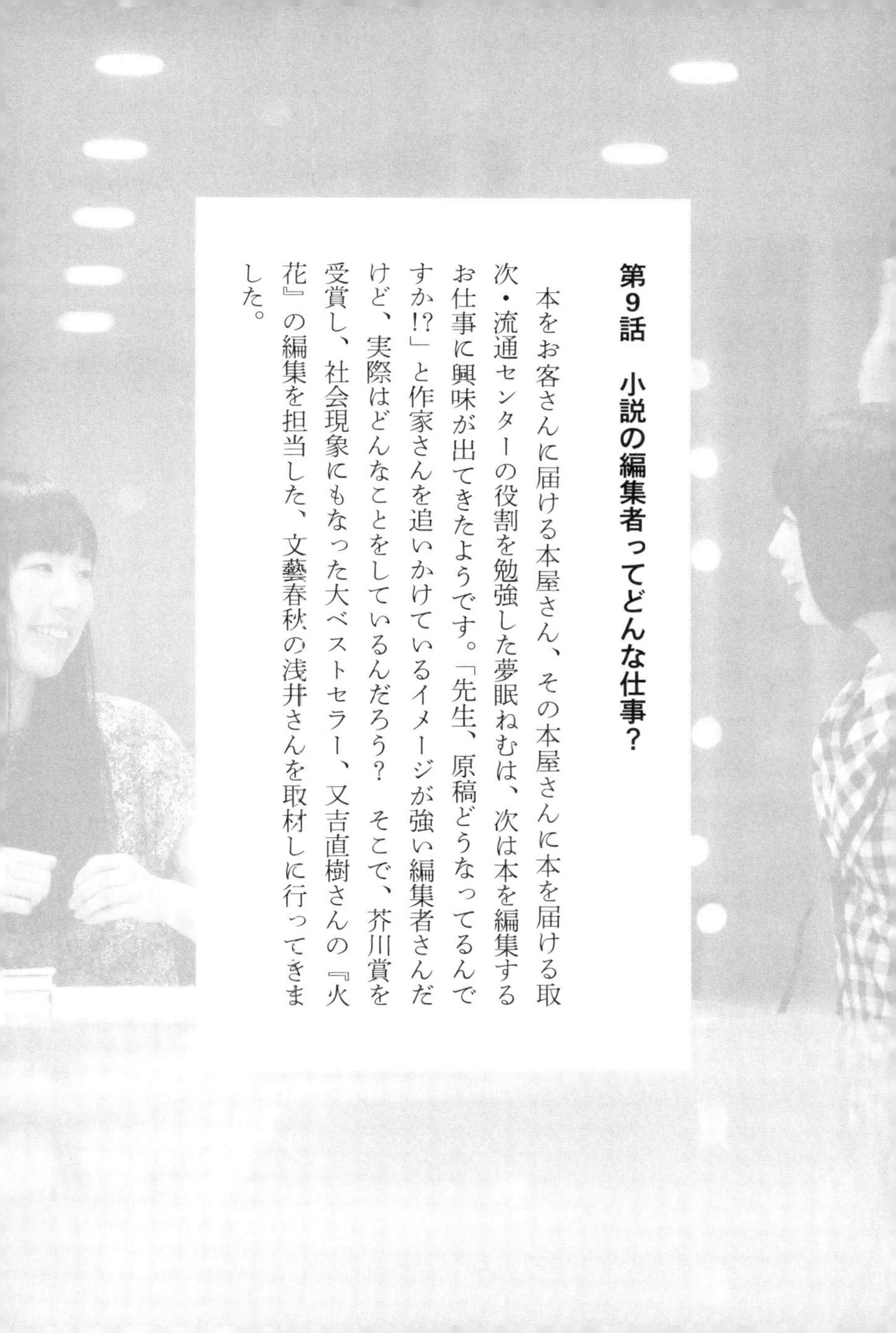

第9話　小説の編集者ってどんな仕事？

本をお客さんに届ける本屋さん、その本屋さんに本を届ける取次・流通センターの役割を勉強した夢眠ねむは、次は本を編集するお仕事に興味が出てきたようです。「先生、原稿どうなってるんですか!?」と作家さんを追いかけているイメージが強い編集者さんだけど、実際はどんなことをしているんだろう？　そこで、芥川賞を受賞し、社会現象にもなった大ベストセラー、又吉直樹さんの『火花』の編集を担当した、文藝春秋の浅井さんを取材しに行ってきました。

今回の対談相手

浅井茉莉子

株式会社文藝春秋「文學界」編集部

文藝春秋入社後「週刊文春」「別冊文藝春秋」を経て、
現在「文學界」編集部。

「本を作りたい」という思いから編集者の道へ

夢眠　浅井さんは昔から本がお好きなんですか？

浅井　そうですね、小説と漫画が大好きでした。小学生の頃からずっと読んできたような気がします。

夢眠　その頃から「将来的には本の仕事がしたいなあ」って考えていたんですか？

浅井　ぼんやり考えていました。編集者が何をするかはよく分かっていなかったんですけれど、「本を作りたいな」って。

夢眠　「書きたい」というよりは「作りたい」だったんですね。

浅井　そうなんです。なので、就職活動の時には出版社を中心に受けました。

夢眠　私、聞いたんですよ！　「出版社はなかなか入れない」「選ばれし者しか入れない」って。

浅井　確かに採用人数は少ないですが、運と相性だと思います。

夢眠　もちろん、実力があったうえでだと思いますけれど。相性って大切なんでしょうね。

浅井　私って本当にぼーっとした大学生だったので、よく入れてくれたなと（笑）。

夢眠　最初から編集のお仕事をされていたんですか？

浅井　入社後すぐは、「週刊文春」という週刊誌に配属されて、記者をやっていたんですよ。事件取材や皇室取材をしていました。政治家の家のピンポン押したりして……。

夢眠　最初からそんなハードワークを！

浅井「私、何になったんだっけ？」と思いながらやってました。でも、そこでちょっとだけ根性が叩き直されたというか。

夢眠　ぼーっとしている大学生からゴリゴリの記者に！　記者っていきなりなるんですね。

浅井　驚くほど、いきなりなるんです。そこですごく合えば、週刊誌やノンフィクションの方面でやっていくと思うんですけれど、私はもともと文芸に行きたかったので希望を出して、２年で異動になりました。

編集者って「担任の先生」みたい！

夢眠　それで編集さんになったんですね。私、作家に憧れがあるんです。編集さんの「まだですか？」って電話から逃げたいっていう……。

浅井　逃げられたら困ります（笑）。

夢眠　作家さんにそれぞれ担当編集者がつくというイメージですか？

浅井　そうですね。編集者は、ひとりあたり40人くらいの作家さんを担当しています。

夢眠　ひとりで40人!?　そんなにいたら、絶対原稿から逃げる人もいますよね？

浅井　40人の中にもグラデーションがあるので、担当しているのは今書いてもらっている方だけではないんです。後々書いていただく方や、まだ挨拶しただけの方も中にはいます。

夢眠「構想〇〇年」というフレーズをよく耳にしますが、小説って一日でできるものではないじゃないですか。編集さんは、そういう方たちを支えているんですね。

浅井　うーん……支えているかは分からないですけれど、電話やメールで連絡を取ったり、お茶に行ったりご飯を食べに行ったりしていますね。

夢眠「こういうの書きたいんだよね」っていう構想段階でも、編集さんは寄り添ってくれるんですか？

浅井　はい。書きたいものに関する資料を集めたり、一緒に取材に行ったりとかも。

夢眠　私が「ファストフードについて書きたい」って言ったら、一緒に食べに行ってくれたりもするんですか？

浅井　喜んで！　食べにも行きますし、本社に取材依頼を出したりもします。

夢眠　いろんな人がいろんなペースで書いてるのを見ているんですね。なんだかクラス担任の先生みたい。

浅井　その表現、ぴったりだと思います。担任みたいなものかもしれないですね。40人いると、たくさん話してくれる方も、遠くから見ているだけの方もいます。

「持ち込み」って文芸の世界にもあるの?

夢眠　「新人作家が描いた漫画を持ち込みする」っていうのは聞いたことがあるんですけれど、文芸の世界にも「持ち込み制度」はあるんですか?

浅井　基本的には、文藝春秋では持ち込みを受け付けていません。「作家になりたい方は、新人賞に応募してください」という形式にしています。

夢眠　えー、そうなんですか! ちなみに、新人賞の選考で「へえ、この人作家になりたかったんだ」って思った方はいますか? 「夢眠ねむ」で投稿されていて「あれ?」と思ったら、実際に夢眠ねむ本人だった! ということがあったりするんでしょうか。……って、何の話してるんだろ(笑)。

浅井　実際に有名人の方が小説を書いて応募することもあると思います。原稿に添付されている経歴を見ていると、学生さんはもちろん、お医者さんや、いろんな職業の方が応募されていますよ。

夢眠　そこで賞を獲った方や見出《みいだ》された方が、その後作家として原稿を依頼されるんですか?

浅井　そうですね。賞を獲ったら、雑誌に掲載されてデビューするのが一般的です。

夢眠　新人賞って、どれくらい応募があるんですか？

浅井　「文學界」の新人賞は今だと1700〜1800くらいの応募があります。その中で受賞するのはだいたい1作ですね。

夢眠　すごい倍率!!

浅井　受賞することも難しいですが、「書き続けること」がそれ以上に難しいんです。最初の1作から2作目、3作目……といかに書き続けるか、一緒に頑張りたいところです。

夢眠　新人賞への応募以外に、新人を発掘する方法はあるんですか？

浅井　ひとつは、他社の雑誌に掲載された方へのアプローチです。純文学の世界には「文芸誌」と呼ばれる雑誌があります。各新人賞の結果を見て、「この人に書いていただきたい」と思ったら、エッセイのお願いをすることが多いです。

夢眠　まずはエッセイなんですね！　人柄が出るからですか？

浅井　それもあるんですけれど、例えば「文學界」でデビューした場合、その後の2〜3作は「文學界」で書くのが慣例となっています。なので、他社でデビューした方にすぐに小説をお願いするのは難しいんです。「それでもこの方から何か原稿をいただきたい！」というときに、エッセイをお願いしています。

夢眠　又吉直樹さんに原稿依頼したときってどうだったんですか？

浅井　又吉さんの場合は、「又吉さんっていう本好きの芸人さんがいるんだなー」と思っていたところに、偶然「文学フリマ」というイベントでお会いしたんです。後日、エッセイを読み、面白かったので小説を書いていただきたいと思って、手紙をお送りしました。

夢眠　直筆の手紙ですか!?　古風で素敵。「小説書きませんか」って書いたんですか？

浅井　そうです。それでお会いして、「書いていただけませんか」と。又吉さんは文章はたくさん書かれていましたが、小説は初めてだったので、書くことを決意されるまでにも時間がかかりました。初めてお会いしたのが２０１１年だったので、『火花』は4年かけてできたことになりますね。

夢眠　じゃあ、満を持しての出版だったんですね。個人差があると思うんですけれど、「書きましょう！」となってから本にするまで、どれくらいの時間がかかるんですか？

浅井　作家さんによってペースが違って、１００ページを1年くらいかけて書く方も、１か月半くらいで書く方もいらっしゃいますよ。おおまかな締め切りを共有して、それに向けて書いていただくことが多いです。

夢眠　作家さんそれぞれの「向いている方法」を提案するんですね。そういうところも担任の先生みたい。

芥川賞・直木賞ってどんな賞？

夢眠　改めまして、『火花』の芥川賞受賞おめでとうございます！　そもそもの話なんですけれど、芥川賞の選考過程ってどうなっているんですか？

浅井　芥川賞は、文芸誌に掲載されたものが対象になります。『火花』は「文學界」に掲載されました。選考過程としては、まず対象作品の中から候補作を絞る下読みの会があります。選考委員の先生方には、その候補作の中から受賞作を決定していただきます。

夢眠　作家さんはもちろんドキドキすると思うんですけれど、案外編集さんの方がドキドキするんじゃないでしょうか？

浅井　本当に、めちゃくちゃ緊張しました！

夢眠　作家さんには「大丈夫ですよ！」って言いながら、内心ドキドキしていたんですね！　ちなみに受賞の連絡って、電話で来るんですか？

浅井　芥川賞の場合は、作家さんに直接電話がかかってきます。

夢眠　じゃあ編集さんには、作家さんから「取りました！」っていう連絡がくるんですか？

浅井　「取りました！」とか「残念でした」っていう連絡をいただきます。一緒に結果を待っていることもあります。

夢眠　受験みたいですね（笑）。文学賞は色々ありますけれど、芥川賞ってとりわけ話題になりますよね。本を読まない方でも「芥川賞を受賞したなら読んでみようかな」って漠然と思うじゃないですか。どうしてなんでしょうね？　いまさらかもしれませんが、芥川賞のすごさというか、特徴を知りたいです。

浅井　簡単に言うと、芥川賞は「純文学の新人賞」です。ちなみに同日選考の直木賞は「エンタメ小説」の賞ですね。どちらも1年に2回発表され、創設は1935年。80年以上続いています。

夢眠　「文學界」の新人賞だけで倍率1700倍ですもんね。そこから対象の雑誌が増えると……とんでもない倍率だ！　「この方に書いてほしい」と思った作家さんと4年かけて作ったものが受賞して、「うわぁ！　やってやったぜ!!」って気分になりましたか？

浅井　「こんなことが現実に起こるんだな」って思いました。原稿をいただいた作品が芥川賞を獲ったのも初めてだったので……。芥川賞は、その作家さんが一生に一度しか受賞しないものなので、そこに関われるのはとても嬉しいことです。

夢眠　浅井さん、もっと調子に乗ってもいいと思うのに、すごく淡々としていますよね。よくできた人だな……（笑）。自分が書いていなくても、私なら調子に乗っちゃう。

伝わるように「読む人との段差」をなくすのが編集者の仕事

夢眠　作家さんから渡された原稿は、どのような視点で編集しているんですか？

浅井　編集者はよく「最初の読者」と言われます。作家さんが書いたものを最初に読む人間なので、読んでどう受け取ったかについて、率直な気持ちを言うようにしています。

夢眠　一緒に作り上げたことをいったん忘れて、「読者」として読むんですね。

浅井　編集者は「伴走者」とも言えるかもしれません。分かりやすく言うと、「話し相手」のような。作品について色々と伺いながら、「それならこういう表現もあり得るのでは」とお伝えすることもあります。

夢眠　作家さんも本をよく読んでいらっしゃると思うんですが、編集さんって読むのが仕事だから、色んな視点が必要ですよね。

浅井　本って本質的にはどう読んでも自由なので、編集者もひとりひとり読み方が違うし、読者の方もそれぞれ違うとは思っています。ただ、その中で作家さんの書きたいことや伝えたいことが受け手にきちんと伝わるようにするのが編集の仕事かな、と。言ってみれば「作家と読者の間にある段差をなくす」ということでしょうか。

夢眠　私もライブの時には、ステージの上にいたとしても、ファンの皆さんと目線を同じにすることを意識しています。ステージの上のアイドルと、客席のファン、どちらの気持ちも分からないと伝わらないと思っているんです。編集者も同じなんだろうなと思いました。作家と読者との段差をなくす、通訳みたいな仕事ですね。

小説家でない人が小説を書くということ

夢眠　アイドルという職業柄、「出版関係のお仕事をすると中途半端だと思われて嫌がられるんじゃないか？」「そう思われないようにちゃんとやらなきゃ！」と思うんですけれど、芸人さんやアイドルが文章を書くことに対してはウェルカムですか？

浅井　とても素敵なことだと思います！　小説を書く可能性は、あらゆる人にあると思います。たとえば夢眠さんはアイドルのことを人一倍考えていると思うので、それを「小説」に落とし込んだらどうなるのだろうと、わくわくします。あと、「ひとりが書いている」というのも小説のすごいところだと思っています。私は映画も大好きですが、映画はたくさんの人の手で作り上げている。小説は、頭の中を自分の力で書ききれるのがいいですよね。

夢眠　実は私、小説を書いたことがあるんです。編集さんに「書いてみたら？」って言われて。でもメモ帳のアプリを起動して1行書いて、続きが出てこなかった（笑）。

浅井　又吉さんも、似たようなことがあったと聞きました。「書こう」と思って壮大なストーリーを考えたのに、「あれ？　原稿用紙数枚で全部終わってしまった」と。そこから10年以上たって『火花』を書かれたので、書くのにはタイミングがあるのかもしれませんね。

夢眠　えー、じゃあこっそり書いて新人賞に応募します。

浅井　その前にぜひ見せてください（笑）。

夢眠　1行目とかやばいですよ。「アルミホイルが眩しい。」っていうの。なんだこれ……。

浅井　いいじゃないですか！

夢眠　やった！　担当編集さんがついた。じゃあ飲みに行きましょう！

浅井　ぜひぜひ。作家さんとよくご飯に行くのですが、純粋に楽しいです（笑）。

夢眠　作家さんとのご飯って、めっちゃ楽しそう！　私、それを傍から見たいです。私はどっちかというと表現したい人なので、編集さんのようにアシストはできないと思うんです。だから、そっと見ていたいな。

浅井　ぜひ。女性作家さんたちとよく飲んでいますので、いらっしゃってください！

今回の感想

担任の先生であり、伴走者であり、最初の読者であり……。作者と読者を繋いでくれる通訳のような、編集の仕事。なんてたくさんの役割をこなしているんだろう。どんなに才能があっても、埋もれていたら誰にも見られることはない……。それを見つけて、引っ張って、二人三脚でカタチにする。表立たない仕事だけれど、編集者なくして本はできないのです。あ~ぁ、かっこいい！　やっぱりホテルでカンヅメになりながら、編集者さんにやいやい言われるのは夢ですね。

第10話　大好きな絵本ができるまで

前回は小説でしたが、今回は絵本の編集者さんです。「子どもの頃からずーっと絵本が好きだ」という夢眠ねむ。その中でも加古《かこ》里《さと》子《し》さんの本が特に大好きだということで、絵本『からすのパンやさん』の出版元の偕成社にお邪魔しました。

今回の対談相手

千葉美香

株式会社偕成社 編集部

大学卒業後、偕成社で雑誌の編集部を経て、
単行本の子どもの本の編集に携わる。
いつまでも３歳の心を忘れずにいたい（！）。

編集者になったのは「子どもが好きだから」

夢眠　私、すごく絵本が好きなんです。最初に読んだのはもちろん絵本ですし、絵本が好きだったから本が好きになったと思うんです。一番好きな絵本は『からすのパンやさん』です。本日は、そんな「読書の原点」になる絵本の話が知りたくてお邪魔しました。よろしくお願いします！

千葉　こちらこそ、よろしくお願いします。

夢眠　今まで取材させていただいた方は皆さん「本が好きで出版業界に入った」とおっしゃっていたのですが、千葉さんも、もともと本が好きでこの世界に入られたんですか？　少女時代から伺いたいです！

千葉　少女時代……はるか昔ですけれどね（笑）。私も本は好きでしたが、子どもが好きだったので、子どもに関わる仕事がしたいと思っていました。そうすると、保育園の先生か、絵本かなと。絵本を選んだのは、絵本の専門店で働いたことが影響しています。高校生の頃、学校帰りに毎日そのお店に寄って、「いつかここでアルバイトしたい」と言っていたんです。そうして大学2年生になったとき、やっと雇っていただいて！　安い安い時給でね。

夢眠　私も本屋さんでアルバイトしていたんですが、本屋さんは時給の安いところが多いですよね……。私は確か650円くらいでした。
千葉　私のときは350円くらいでした。でも、「ここにある本は全部読んでいいよ」と言われたのが魅力的だったんです。「そうじゃないと、お客さんに薦められないでしょ」と。ちょうど新しい本の出版が相次いでいたときだったので、すごく面白いと思って、この道に入りました。

絵本は50＋50＝100ではなく100＋100＝200

夢眠　絵本は「読み継がれていくもの」という側面が特に強いじゃないですか。ベストセラーが根強い印象なのですが、そんな環境の中で、新しい絵本はどのように作られているんですか？
千葉　本を作るときには、「あれが売れているから、似たものを作ろう」と考えて作ることもあるし、「他にはないものを作ろう」と考えて作ることもあります。私も含めて、偕成社では後者の方が多いと思います。また、「この方にこういうテーマで書いていただきたい」とお願いする場合もあります。絵本には、作（文章）と絵の2つの要素が必要なんです。加古里子さんは両方やっていらっしゃいますが、作と絵が別の作家さんの場合は、作者の方にまずお話を書いていただいて、それを一緒に見ながら、どう絵本にしていくか話し合います。

夢眠　絵本って言葉が短いですよね。だからこそ、言い回しや文字のひとつひとつにも気を遣っていらっしゃるだろうなあと思っていました。
千葉　文章には書かれていないことが絵に描かれて、作品の世界が広がることもあります。
夢眠　作家さんが文章を書いて、絵がついて、また文章を変えて……お話を伺って、文通みたいだと思いました。
千葉　ああ！　そうですね。
夢眠　文章と絵のやりとりで話が広がっていくって、面白いですよね。編集者さんを介して文通しているなんて、編集者さんは郵便屋さんみたいですよね。やりとりがガッチリとハマったときは、それはそれは嬉しいんでしょうねえ。
千葉　そうですね。うまくいかなくて辛いときもありますが。
夢眠　そうなんですか……心中お察しします。人と人とをつなぐって難しいですよね。

子どもが一番シビア

夢眠　絵本と他の本との大きな違いのひとつに「読者が子ども」ということがあると思うのですが、気を付けていることはありますか？　子どもが考えていることって大人の想像力を超えていて、こちらの迷いなんかはすぐバレちゃいそうですよね。

からすの
パンやさ
かこさとし
おはなしのほん

千葉　子どものものだからといって「これくらいでいいだろう」というのは絶対にないと思ってやっています。子どものほうがずっとシビアですし。
夢眠　敏感ですもんね。
千葉　そうなんです！　間違いを正してくれるのは子どもですね。「こことここ、服の色が違います」とか。子どもたちは素晴らしいです。
夢眠　すごい！　おはがきで届くんですか？
千葉　はい、そういうご指摘を受けたりします。だからどこまでも気を抜いてはいけません。子どもは、ページの隅にいるような小さな生き物に注目することもありますし……。
夢眠　隅から隅まで見る感じ、よく分かります。私も『からすのパンやさん』がすごく好きなので「見ても見ても見尽くせない」って、ずっと思っていました。小さい頃は「はぁーっ、うっとり……」って、ある一部だけ集中して見ていましたね。
　今回取材させていただいているこの偕成社さんの会議室みたいに、本に囲まれている空間が、実家の一角にありました。母がすごく本好きで、本だったら何でも買ってくれたんです。他の物は全力でおねだりしないと買ってもらえなかったんですが。
千葉　いいお母様ですね。子どもって、赤ちゃんの頃から絵本に触れていると、絵本の面白さを知ることができると思うんです。まだハイハイしているときでも、絵本を開くと違う世界が出てくることが分かるんです。逆に、３歳になってからいきなり絵本を渡しても、

「これ、なあに?」となってしまう。

夢眠　生まれたての頃から絵本に触れ合わせた方がいいんですね。

千葉　家に絵本があるって、すごくいいことだと思います。はじめは舐めるだけでもいいけれど、いつも手に届くところにあると、それから先の色々なことにつながるので。

夢眠　いまも覚えているんですけど、子どもの頃に悔しかったのは、絵本の裏表紙にお姉ちゃんの名前が書いてあったことです。大好きなのに、絵本は私のじゃなくてお姉ちゃんのものなんだということが悔しかったんですね。それがトラウマで、「大きくなったら欲しい本は自分で手に入れてやる!」という意識が芽生えました。でも今は、古本屋さんに行って名前が書いてある絵本を見つけると、ほっこりするんです。「誰かの大切な本だったんだな」と思うようになりました。絵本って、ボロボロになればなるほど役割を果たした感じがするところが素敵ですよね。絵本で見たことや感じたことが、その先の人生につながっているという感じもあって、みんなの「種」になっている気がします。

千葉　まさに「種」ですね。絵本で見たことがきっかけで、気になる方に世界が広がっていくという。絵本が人を作る種になっているのって、いいですよね。

夢眠　そうなんです。だから私、お母さんになったとき責任重大だなと思っているんです。「何を買ってあげたらいいだろう?」って。

千葉　生まれて数か月の赤ちゃんでも、3冊違うタイプの絵本を見せると、その中に「これ」というものをちゃんと見つけるんですよ。絶対に好みがあるし、子どもにはたくさん選択肢を与えてあげるといいと思います。

夢眠　そのときに、自分で選ばせてあげればいいんですね。

千葉　そうですね。だからこそ、新しい本を作っていく必要があるんです。

めったに変わらないのも、絵本の特徴

夢眠　そういえば、絵本も時代に合わせて変わってきているんじゃないですか？　昔は構わなかったけれど今は使えない言葉があるとか。決まりも変わってきていますよね。

千葉　例えば、タバコを吸ってるシーンは今はNGですね。ただ、一方ですごく不思議なのは、ロングセラーの絵本だと装幀も内容も40年前と同じなんですよ。あるデザイナーさんに、何十年経っても同じ形で出続けているのがすごいと驚かれました。大人の本だと今風のカバーに変わったりするので、そういうことはあまりないですよね。でも、子どもの本のロングセラーは、昔のままがほとんどです。

夢眠　私が絵本を見て「懐かしい！」ってダイレクトに思い出せたのは、変わっていないからですね。

千葉　大人が自分の子どもに絵本を選ぶときに「あっ、これ！」って思い出すのは、変わ

っていないということが大きいと思います。

夢眠　私、自分の子どもには、自分が好きだった昔の本も、大人になったいま見つけた新しい本も買ってあげたいです。お母さんがしてくれたように、自分もしてあげたい。

千葉　10冊新刊を出したとして、10冊とも10年後まで残すというのは難しいかもしれませんが、何冊かは10年後にも残るようにと思って、新しい本を作っています。

目の見えない子のためにも絵本を

千葉　目の見えない子のための本も作っています。『点字つきさわる絵本　はらぺこあおむし』。これは、点字の部分だけではなくて、絵のところも触れて分かる本になっています。目の見えない子にも同じ本を楽しんでもらいたいと思って作りました。

夢眠　自分が子どもの頃には考えもしなかったですが、目が不自由で普通の本を読むのが難しい子にとっては、本当に宝物ですね。

千葉　この本ができたとき、盲学校に寄贈したら、子どもからお手紙がきたんです。『はらぺこあおむし』のストーリーは知っていましたが、「さわる絵本」で、初めてどんな絵本なのかが分かって、とても嬉しかったです、と。目の見えない子は、本屋さんに行っても、全部ツルツルだからどんな本か分からないんですよね。だから、こういう本が読書の楽しさを知るきっかけになればと思います。さらには、目の見えない子どもたちだけではなくて、目の見える子どもたちにも「さわる絵本」というものを面白がってほしいとも思っています。

夢眠　「目の見えない子に伝えるにはこういう方法があるんだ」ということが分かるきっかけになるといいですよね。

千葉　小さい頃から目が見えないことを「かわいそう」と思うのではなくて、他のところでもっとすごい力を持っていることもあるし、教えてもらうことがたくさんあるんだということを伝えられたらいいですね。何気ない大人の一言で「かわいそう」と思ってしまうことも多いんですよ。だから、子ども自身の先入観のない感性を大切にしたいです。

夢眠　「オレンジを　いつつ　たべました」というページを触ることで「このページにはオレンジが5個並んでいるんだな」と体感できる。ただ言葉だけ聞いても、その情報だけしか受け取れないですもんね。私にとっても、ここはとっても印象的なページです。このページ好きなんですよねえ。食べ物が並んでるのが好きなだけなのかな（笑）。

夢眠書店へのアドバイスをお願いします

夢眠　夢眠書店にはたくさん絵本を揃えようと思っています。最後にアドバイスをお願いします。

千葉　先ほども言いましたが、子どもには選ぶ楽しさを知ってほしいので、幅広く、色々な本を取り揃えた書店さんにしてほしいです。

夢眠　閲覧スペースのような「見ていいよ」という空間が作れたら嬉しいですね。読み聞かせに嬉しい大型絵本の『からすのパンやさん』とか、「点字つきさわる絵本」もたくさん置きたいな。

千葉　ぜひ大人買いしてください（笑）。

夢眠　買える!!（笑）　大人になってよかった！

今回の感想

絵本は、多くの人が一番初めに触れる本です。そして、その先の人生に多大なる影響を及ぼすであろう絵本は、愛情たっぷりに作られていました。文章と絵の寄り添い方、きっと大人より鋭い感性であろう読者の声。何度も読んだ絵本の思い出は、子どもの頃のまま止まっていたりするけれど、それをそのまま受け入れてくれるロングセラーが本屋さんにはあって、それに続くたくさんの新作にも心躍って。お母さんになったら責任重大だけど、それまでは自分のために絵本コレクションを増やしたいな。

第11話　漫画制作の裏側に潜入！

さてさて、小説・絵本に続いて、今回はみんな大好き「漫画」です！『DRAGON BALL』や『SLAM DUNK』『ONE PIECE』など数々の名作を生んできた週刊少年ジャンプ編集部にお邪魔しました。対談のお相手は、現在『斉木楠雄のΨ難』を担当している編集者の頼富さん。さらになんと、噂を聞きつけて作者の麻生周一先生も遊びに来てくださいました！

今回の対談相手

頼富亮典

株式会社集英社 週刊少年ジャンプ編集部
1990年生まれ。大学・大学院でアスパラガスの耐病性に関する研究を行い、
2015年、集英社に入社。

麻生周一

1985年生まれ。埼玉県入間市出身。
『勇者パーティー現る』で第64回赤塚賞準入選となり、デビュー。
「週刊少年ジャンプ」で『斉木楠雄のΨ難』を連載中。
でんぱ組.incのファンクラブ会員。

週刊連載に携わる人の一週間とは？

夢眠　まずは取材を受けてくださって、ありがとうございます。めったに入れないという「週刊少年ジャンプ」の編集部にお邪魔できて興奮しています。さっそくですが、「ジャンプ」の編集者って、一週間、どんなふうに働いていらっしゃるんですか？　「週刊」と聞いただけで、とんでもないスケジュールなんだろうなというイメージがあるんですけど……。

頼富　一週間で作品を1本仕上げなくてはいけないので、スケジュールは毎回厳しいです。私が担当している麻生周一先生の場合だと、一回の掲載で15ページ分の原稿が必要になります。まず打ち合わせの日が1日あって、それから12ページ分のネーム（原稿の下書き・設計図）を3日くらいかけて描いて、FAXで送ってもらいます。私はそれを出先であろうとどこであろうとすぐに確認して、感想をお伝えします。それと同時に、残りの3ページについて改めてお話しします。『斉木楠雄のΨ難』のようなギャグ漫画では、オチがかなり重要なんですよ。いかにきれいな、びっくりするようなオチにするか、毎回打ち合わせと別に話すんです。そこから3日で作画を上げてもらって、一週間のうちに仕上げます。

夢眠　本当に一週間でやっているんですね。描き溜めていらっしゃるのかと思ってました。

頼富　作家の先生によってスタイルがあるとは思いますが……。

麻生　書き溜めている方は、ほとんどいないんじゃないですかね？
頼富　そうですね。書き溜めているのは『こちら葛飾区亀有公園前派出所』の秋本治先生くらいかもしれません。
夢眠　そうなると漫画家さんって、ずーっと漫画を描いていなくちゃいけないんじゃないですか？　お休みはあるんですか？
麻生　打ち合わせをする日の日中と、あとはネームの時間を詰めれば……。なので「でんぱ組.inc」のライブにどうしても行きたいときは、ネームは2日でやるんですよ。正直、クオリティは下がりますね……。
夢眠　えー！
頼富　いやいや下げないでください、下げちゃダメですよ。
麻生　もちろん冗談です（笑）。
夢眠　でも、やりたいことがあったり、遊びたければ仕事を早く頑張るしかないんですね。ひょえー、しんどいー！
頼富　長期の休みだと「合併号」っていうのがゴールデンウィークとお盆、年末年始と、年4回くらい出るんですよ。そのタイミングなら一週間描いた後にまるまる一週間休みがあるので、編集者も作家の先生と一緒にスケジュールをコントロールして、お休みを取っています。

何人くらいの作家さんを担当するの？

夢眠　編集者さんって、ひとりで何人くらいの作家さんに付くんですか？　例えば担当する作品の数だと、どれくらいになるんでしょう。

頼富　担当する連載作は多くて2つです。私は今「週刊少年ジャンプ」で『斉木楠雄のΨ難』を担当していて、それとは別に、低年齢層向けの「最強ジャンプ」という隔月誌で『しりこだま！』というギャグ漫画を担当しています。

夢眠　以前、文芸編集者の浅井茉莉子さん（文藝春秋）のところへお邪魔したときには、40人くらい担当の作家さんがいると伺いました。

頼富　すごいですね。ただ新人の作家さんを含めると、漫画編集者が抱える作家さんも多いかもしれません。「ジャンプ」の場合、持ち込みの対応をしたらその瞬間からその編集者が担当なんですよ。僕はまだ配属されて半年くらいですが、すでに100人以上の持ち込みを見ています。その方たちも言ってしまえば担当の作家さんということになりますが、リアルタイムで連絡を取っているのは、そのうち20人くらいですかね。

夢眠　その20人って、将来性があると見込んで面倒を見ることにした方ってことですよね？

頼富　そうですね。新人作家さんの場合、最初の持ち込みですでに作品として完璧に仕上がっていることはなかなかないので、直さなくてはならないところ、よかったところについてアドバイスしながら、一緒に漫画を作っていきます。それから賞を獲ったら読み切りを載せて、連載にするというのが、多くの新人作家さんが目指すルートです。なので最初の目標は、読み切りを増刊号や「ジャンプ」本誌に載せることですね。

夢眠　読み切りが載ることが、連載獲得のチャンスなんですね。すごい、まさに「少年の夢」ですね！

編集者って、どれくらい作品に介入するの？

夢眠　担当編集者って、作家さんのネームにどれくらい口出しするものなんですか？　私、漫画家さんと編集者さんのイメージっていうのもあって、ネームを見せられて「ちょっと、これじゃダメだよ！　ボツ！」みたいな（笑）。実際そうだったら嫌かもしれないですけど、それが漫画家と編集者の関係を表す象徴的なシーンというか……。

頼富　さすがに、全部ボツにしたことは今のところないです。

麻生　連載中なんで、描き直し間に合わないです。

夢眠　そうか、「先生が体調不良のため……」になっちゃいますね。

頼富　ネームでボツが出ないように、打ち合わせの時点でしっかりお話しして、流れをきちんと決めるようにしています。

麻生　こっちも全ボツを喰らわないために、すごいギリギリに出すんで……。

夢眠　時間切れを狙って!?

麻生　もう直す時間ないだろうと思って（笑）。

夢眠　お互いの心理を読み合いながらやるっていう（笑）。その中でも「これはこうしたほうがいいんじゃないですか」って意見して、先生も同意してくれたら擦りあわせていくという感じでしょうか？

頼富　見栄《みば》えについての意見を言うことが多いですね。それと、「最初の読者」としての感想はきちんとお伝えするようにしています。さきほど言ったように、オチをこのタイミングで考えるので、私が「これはどうですか」と思いつく限りボケて、それに対して先生から数多《あまた》のボツを喰らうということもあります。

麻生　「ああ、それはないな」って。「それだけは

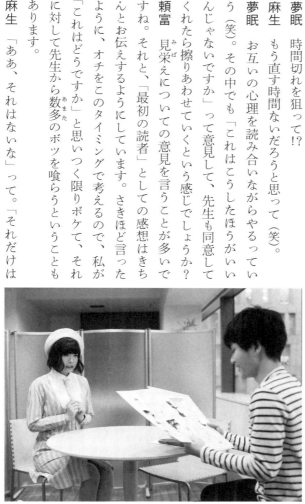

絶対やりません」って。

夢眠　新しい担当編集さんに初めて会うときって、けっこう緊張します？

麻生　緊張しますよ。人見知りが激しいので。

夢眠　でも、いわば夫婦とかコンビみたいなものじゃないですか。ちょっと特殊な関係性ですよね。

麻生　頼富さんに描いた漫画見せるの、いまだにちょっと恥ずかしいんですよ……。

夢眠　あはは！　まだ？

頼富　早く打ち解けてくださいよ！

麻生　最初の担当さんが8年くらい付いてくれてたんで。頼富さんはまだちょっと慣れないですね……。

頼富　はやく慣れていただけるよう頑張ります！

夢眠　なんか付き合いたてのカップルみたいで、そわそわしますね！（笑）

いつから「ジャンプ」の編集者になりたかったんですか？

夢眠　ちょっと話が戻っちゃうんですけど、頼富さんはもともと何になりたかったんですか？　漫画はお好きだったと思うんですけど、どのタイミングで編集さん、しかも「ジャンプ」で働きたいというふうになったんでしょう？

頼富　私はもともと理系で、大学院までアスパラガスの研究をしていました。

夢眠　アスパラ!!　アスパラガスって、食べたらおしっこが臭くなるって本当ですか？

頼富　そうですね、よく言われていますね。体質との相性もありますし、匂いを嗅ぐ側にもよるらしいです。論文で読んだことがあります。

夢眠　あ、あと、ホワイトアスパラって、本当にグリーンアスパラに何かをかぶせて育てて作るんですか？

頼富　そうです、実は同じ品種です。日光を当てなかったらホワイトになりますよ。

夢眠　ずっと持っていたアスパラガスへの疑問が全部解決した！

頼富　何の話だ！（笑）話を戻すと、僕はアスパラガスの病気の研究をずっとやっていたわけですが、就職活動をするときに、ふと「そういえば未だに自分は毎週『ジャンプ』を読んでいるな」と思ったんです。それで半分記念受験みたいな感じで受けたら、受かっちゃったと。

夢眠　わあ、天才じゃないですか！

頼富　いや、違います！　アスパラガスという珍しい研究テーマのおかげで、面接で偉い人が食いついてくれただけです……。出版社に行きたいというより、ジャンプ編集部に入りたいという感じで受けちゃったので。念願叶って配属されて、ありがたい限りです。

夢眠　配属されてみて、憧れの編集部は想像と一緒でしたか？
頼富　予想を上回ってすごいこともありました。1年目の社員に与えられる裁量の大きさとか、パーティーの豪華さとか（笑）。
夢眠　作家さんたちが一堂に会するパーティーですね？
頼富　そうです。1年目の社員が鳥山明先生や井上雄彦《たけひこ》先生にご挨拶をしなくてはいけなくて、震え上がりました……。それこそ（4月に入社して）10月からいきなり連載作家さんを担当するというのも、「まじか」っていう……それまでは、本当にただの一読者だったので。

編集者と漫画家はお互いに影響しあう

夢眠　そういえば漫画家さんって作風とか個性があると思うんですが、編集者の方も人間なので、個性があるんでしょうか。例えばギャグ漫画は得意だけど、冒険ものはそんなに得意じゃないとか。
頼富　編集者にも個性はありますよ。あとやっぱり担当作品には編集者の好みが出てきて、例えば青年誌が好きな先輩が担当する作品は、どこかエッジがきいた、特定のコアな層にハマる漫画になったりします。

夢眠　この人が担当すると、すごいおっぱいが描かれるみたいな……。ありそうですよね。お尻派かおっぱい派かで分かれるんだろうなあ、とか。女の子のキャラが、その編集者の好きなタイプに寄っていくとか……。

頼富　それはありそうですね。

麻生　編集者によって、話のジャンル自体がダークになることとかもありますね。

頼富　ダークファンタジーのかっこいい漫画とか、ひたすらに王道の漫画が好きだっていう人は、それを目指して作ったりすることもあります。あと担当している連載作家さんによって書体の指定の仕方が違うので、編集者それぞれに使う書体に傾向が生まれてくるということもありますね。読み切りの漫画を見ていて、ある連載作品で使われている書体に傾向が似ているなあと思ったら、同じ編集者が担当していたり。

夢眠　え〜！　それ、めっちゃコアなファンだけが気付いたりするんですかね。「あ、編集さん一緒だ」みたいな。

頼富　編集者が新人作家さんに、連載作家さんのアシスタントを紹介することがあるんですが、そうすると新人作家さんはその連載作家さんの影響を受けますよね。さらに編集者も少なからずその先生から影響を受けているので、作家さんと編集の両方向から影響を受けて、作風が似てきたり、テイストが似たものになったりすることはあると思います。

夢眠　担当する作家さんって、どうやって決まっているんですか？

頼富　たまたまですけど、僕は希望を出していた漫画を担当させていただきました。
夢眠　麻生さんちゃんと聞きました!?　今の、告白ですよ！
麻生　それ、初めて会ったときに言われたんですよ。それで「悪い奴じゃないな」って(笑)。
夢眠　そこで麻生さんの人見知りの扉がひとつ開いた感じですね。漫画の横に載っている「今週、先生はこうでしたよ」「次号はこうですよ」みたいなアオリって、編集さんが書いてるんですか？
頼富　そうですね、私が書いています。
麻生　感想でよく「アオリが面白かったです」っていうのがあるんですが、「そこ考えてんの僕じゃないよ！」って思っています(笑)。
夢眠　ライバルですね！　でもアオリって最後に読むから、オチの後にアオリを読んで綺麗にまとまっていると、いいですよね。
麻生　僕、最終ページに必ずアオリ用のスペースを空けるようにしてるんですよ。
頼富　そうですよね。ストーリー漫画は、絵が裁《た》ち切り(紙面の端)まで描かれていることが多くてアオリを入れるスペースが無かったりするんですけど、麻生先生は、枠を設けてあるので、余白にアオリを入れられるんです。
夢眠　じゃあ、これはふたりの共同作業なんですね！……萌えポイントで喋っちゃって、申し訳ないです（笑）。でも、これを考えるのも大変な仕事ですよね。
麻生　僕からの挑戦状です（笑）。
頼富　「中2っぽいアオリを考えてください」って言われた回が大変でした。「『作中のすごくつまらない漫画にアオリがついてて、それがすごい中2臭い』っていうギャグをやりたいんで、そのアオリを考えてください」と言われたんですけど、そのときはどうしようかと……（笑）。実際に採用していただけてよかったです。
夢眠　そういうのも、作家さんからリクエストがあれば応えるんですね。
頼富　それによって少しでも作品の評価が上がればと思って、頑張っています。

「週刊少年ジャンプ」と愛読者アンケート

夢眠　愛読者アンケートってやっぱり大事なんですか？
頼富　めちゃめちゃ気にしますし、毎回作家さんに「今回は何票で何位でした」とお伝えもしています。
夢眠　こわーい！　だって、毎週総選挙が行われているわけですよね。お腹痛いですよね。
頼富　でも、「今回は神7に入りましたよ、先生」みたいなこともありますよ。
夢眠　読者からの「こういうエピソードを読みたい」っていう声もアンケートで拾えるん

ですか？

頼富　そういう声は、ファンレターやツイッターでいただくことが多いですね。あとはジャンフェス（ジャンプフェスタ）などのイベントで直接「『斉木楠雄のΨ難』面白いです」「このキャラクターが好きです」と言ってもらえて、毎回ありがたいなと思っています。

麻生　ジャンフェスでは担当編集が主人公のキャラクターの格好をしているので、読者から声をかけられるんです。

夢眠　え！　編集コスプレイヤー……!?

頼富　過去の担当も、３人ともやってきているんです。

夢眠　衣装が引き継がれているんですか！　先生ごとに伝統がいろいろあるんですね。でも、頼富さんは似合いそうですよね。

編集者って、家に帰れているの？

頼富　週刊少年ジャンプ編集部では、刊行のためのスケジュール管理も新人編集者の仕事なんです。「週刊少年ジャンプ」が出るまでのスケジュール感を染みこませるために、新人が進行管理をやるんですよ。「週刊少年ジャンプ」は４週間かけて１冊作るというスケジュール配分になっているので、編集部にある４つの班で１冊ずつ持ち回りで担当しています。

4つ先の「ジャンプ」まで同時進行で作っているんです。ざっくりしたスケジュールは、4週間のうちの1週目でプレゼント撮影をして、2週目で記事の依頼を出しながらカラーページと2色（赤黒）ページを作って、3週目に記事を入稿して、最後に漫画が入って完成という流れになっています。

夢眠　そうじゃないと無理ですもんね。たった一週間で「プレゼントページをどうする」とか、決められないですよね。

頼富　そうなんです。一週間で作るのは不可能ですね。プレゼントページやアンケートハガキも全部、新人が担当する仕事なんです。なので私も、毎月考えていますよ。

麻生　それ、あんまり外に出ていない情報ですよね。

夢眠　それらを全部やることで基礎が染みこむわけですね。「ジャンプ」の編集さんイコール激務っていうイメージがあるんですが、お家には帰れているんですか？　シャワーとかあるんですか？

頼富　地下にシャワーとベッド、仮眠室があるらしいんですけど、僕は使ったことがないですね。最近はあまり使われていないのかも。「汚い」という噂もありますし……。

麻生　僕、仮眠室使ったことありますよ。

頼富　初めて聞きました！

麻生　ここ（集英社の会議室）でネームやらなきゃいけなくなって。カンヅメになったときに。まあ、ちょっと使ってみたかったので。
夢眠　確かに（笑）。私も使ってみたい！
頼富　絶対汚いから、やめたほうがいいですよ……。
夢眠　さきほど編集部を拝見しましたけど、本当に「男の子の部屋が大きくなった」という感じでしたね。
頼富　そうですね、男子柔道部の部室みたいな職場です。
夢眠　編集者同士でお互いの担当作品について「今週、面白かったですね」とか言い合ったりはするんですか？　あとは、バレンタインの時期に載る話が被らないように、事前に探り合ったりとか……。
頼富　感想に関しては新人ということもあって、先輩から直接感想を言ってもらえたりもしますね。わざわざこちらに来て「面白かったね」って言ってもらえて、「おっ！」と思ったりして。内容に関しては、週刊でやっているのでたまに被っちゃうことがあるんですけど、それは致し方ないと思っています。

夢眠書店へのメッセージはありますか？

夢眠　メッセージ、ください！

麻生　読者からのファンレターで「でんぱ組.incが好きなんですよね？　それをきっかけに読むようになりました」と書いてくれる人も多いんです。ちょうど今日読んだファンレターにも「でんぱ組.incでは誰推しなんですか？　私はねむきゅんです」って書いてありましたし。夢眠さんは影響力があるので、色々な作品の帯に推薦コメントを書いたらいいんじゃないかなって思います。

頼富　帯をアイドルの方に書いていただけたら、それこそ作家さんも嬉しいはずです。

夢眠　「夢眠書店オリジナル帯」か……。やろうかな。

頼富　そういうことができたらいいですね。とりあえず作家さんが行くでしょうね、自分の作品を買いに（笑）。

夢眠　おふたりとも、今日は本当にありがとうございました！

今回の感想

漫画ファンには「聖地」とも言われている、あの「週刊少年ジャンプ編集部」。一歩中に入ると本当に男の子の部屋みたいで、部室みたいで……女子校育ちの私には、すごく新鮮な空間でドキドキ。ここで少年たちの夢が紡がれているんだなぁ……。

週刊誌というスピードを、漫画家さんと編集さんの二人三脚で走り抜けていらっしゃいました。取材の途中からはふたりの関係性に妙に萌えてしまったのですが、ここでは割愛させていただきます……（笑）。この取材をきっかけに、コマ外のアオリコメントも熟読しちゃいそうです。

第12話　30年以上愛される雑誌作りの現場

小説・絵本・漫画ときまして、最後は情報雑誌です。夢眠ねむもずっと愛読している「オレンジページ」の編集部にお邪魔しました。なんと編集部には試作用のキッチンが併設されてます！　30年もの長い間、読者に愛され続ける雑誌作りの秘密に迫ります。

今回の対談相手

上杉真由美

株式会社オレンジページ出版事業本部
オレンジページ編集部 料理・美容担当
アシスタントマネジャー

2008年にオレンジページに入社し、
4年間広告営業を経験した後、
'12年よりオレンジページ編集部へ異動。
お肉と甘いものが好きだからか、肉の特集と
バレンタインスイーツの特集をよく担当している。

キッチン併設！「全品試作してます！」は本当だった

上杉　ここは製作部、販売部と編集部のフロアです。製作部は本を作るために、紙の調達や印刷会社さんとのやり取りを、販売部は本を売るために取次さんや本屋さんとのやり取りを行っているところです。編集部のメンバーは、その奥にいます。

夢眠　編集部には何名くらいいらっしゃるんですか？

上杉　編集長と副編集長を含めて社員が14名、アルバイトの方が4名なので、合計18名ですね。このメンバーで月に2冊、年間で24冊刊行しています。

夢眠　ひー!!　そんな少ない人数で作っていたんですね。大変そう。

上杉　それでは、試作用のキッチンにご案内しますね。オレンジページ編集部にはキッチンが併設されていて、雑誌に掲載するレシピは全部試作をしているんです。なので、ここでは毎日誰かしらが、おかずを朝から晩まで作っています。そして試作したものは最終的に、全て編集長が食べてチェックします。試作を食べる時には、味のチェックもするんです。「ちょっと味が濃いかも」とか「もう少しお砂糖の甘みがほしいな」とか、そういうことを見ていきます。

夢眠　全部食べる！　でも編集長、やせていらっしゃいますね（笑）。試作って、どの段階ですするんですか？

上杉　レシピ原稿を書いてから責了《せきりょう》（印刷する前の最終チェック）するまでの間ですね。レシピは料理家の方に作っていただいているんですが、それと照らし合わせながら実際に作って「どんな人でもこのレシピでちゃんと作れるか」を確認するんです。もし不備があるまま掲載されると、味がきちんと再現できないので……。

夢眠　主婦の目は厳しいですからね！

上杉　試作は細かいところまでかなり徹底していて、例えばにんじんを幅5ミリの半月切りにする時には、定規を使ってちゃんと5ミリ測るんですよ。

夢眠　えーー！

上杉　レシピに「にんじんを5分煮る」って書いてあったとして、「5ミリの半月切りにしたにんじんが、ちゃんと5分で煮えるのか」を試作でチェックするんです。

夢眠　そうか！　お料理初心者の方も読みますもんね。

上杉　そうなんです。慣れていらっしゃる方なら「さっと煮」という言葉だけで分かるかもしれないんですけど、初心者の方は「それって何分なの!?」ということになっちゃうので。

夢眠　全品試作するって、誠意の表れですよね。私も料理の本を出しているんですけど、実際に作る時は調味料を加えるのでも「ひと回し」とか「ちろちろ」とか、結構感覚に頼ってるかも。でも1人前作るか4人前作るかだけでも、分量が違いますもんね。

上杉　あとは、料理家の先生がすごくいいお醬油とかお砂糖とかを使ってらっしゃる場合、一般的な市販のものを同じ量使うと味が違うときもあるんです。試作すればその段階で「撮影の時と違うな」って気付けるので、やっぱり試作は大切なんですよね。

夢眠　そっかー！　調味料だけじゃなくてじゃがいもひとつとっても、メークインときたあかりじゃ粘りが全然違いますもんね。試作はそういうズレをなくすためにも必要なんだ。

上杉　あとは「特殊な食材を使わない」ということも気を付けています。都心の大きなスーパーマーケットには売っていても、地方では手に入らないということがよくあるんですよね。でも「オレンジページ」の読者は全国にいらっしゃるので。

夢眠　確かに！　私も地方出身なので経験あります。昔、雑誌で読んで「スイートチリソースって何だろう!?」って思ってました。

上杉　それではねむさん、実際に、にんじんを5ミリの半月切りにしてみませんか？

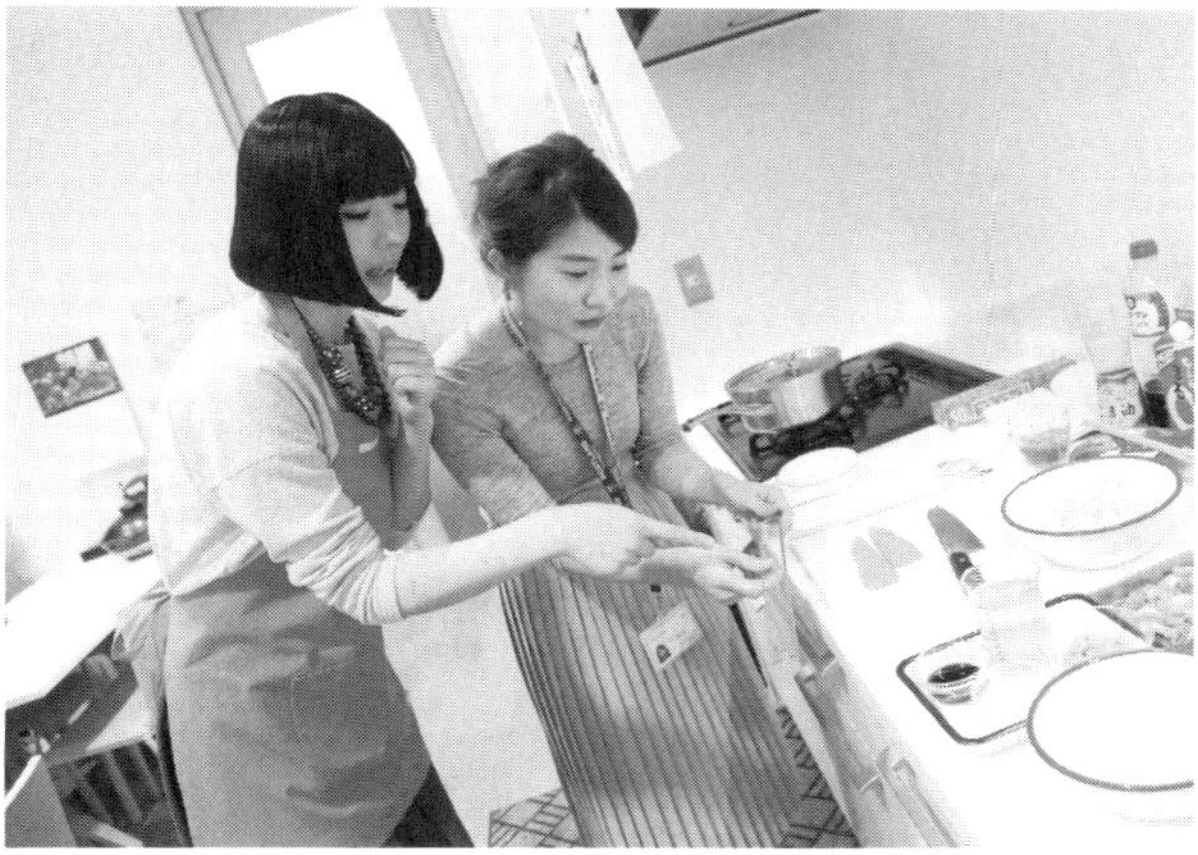

夢眠　やってみますー。
上杉　まずは定規をあてて、5ミリのところで切ってみてください。
夢眠　……5ミリって、意外と幅があるんですね。体感の5ミリだと、3ミリくらいになっちゃう。
上杉　そう、結構ズレがあるんですよ。だから何となくで切っちゃうと、レシピ通りの時間で煮たら、ぐにゃぐにゃに煮崩れるなんてことも。
夢眠　難しい〜！　やっぱり3ミリになっちゃう！　あっ、これは7ミリ！　全然だめだ!!（笑）
上杉　あっ、これは5ミリっぽいですよ。
夢眠　ほんとだ、やったー!!　やっと5ミリになりました！（一同拍手）
上杉　こんなふうに切るにしても煮るにしても付きっきりなので、試作は何か他のことをしながらではできないですね。一日に何品も作るので、キッチンにカンヅメになることもあります。
夢眠　え〜、大変！
上杉　体力勝負なのでへとへとになってしまいますが、皆「最後は食べられる」というのを励みにやっていますね。
夢眠　そうなんですね〜、皆さんお疲れさまです……。あ、あとさっきから思ってたんですけど、皆さんのしている後ろでまとめる髪型って、素敵でちょっと萌えますすね。「オレペ女子」として一大ジャンルが築けそうです！

上杉　えっ、本当ですか!?　ありがとうございます（笑）。

夢眠　キッチン周り、他にも見ていいですか？　一見家庭のキッチンみたいだけど、レンジやオーブンが何台もあったりして面白いです。

上杉　レシピによっては、各種メーカーのものをすべて使って試作したりするんですよ。機種によって性格があったりするので、加熱の時間に大きな差がないかもチェックします。トースターもヒーターとの距離が違いますし、電化製品を扱うメニューの時は結構気を付けていますね。

夢眠　へぇ～、おもしろーい!!

「オレンジページ」はどうやってできているの？

夢眠　編集部には18人いらっしゃると伺いましたが、上杉さんはその中でも「料理・美容担当」なんですよね。

上杉　そうですね。編集部は大きく2つに分かれていて、「料理班」と「生活班」がありま
す。
夢眠　喧嘩したりしません？　「大掃除もいいけど、クリスマスだって大事だ！　ミートロ
ーフ特集を前面に出せー！」とか。
上杉　どちらがメインとして大きいかというのはありますけど、基本的にはどちらも載る
んです。なので大掃除特集とクリスマスケーキ特集は、同じ号に載ります。喧嘩になったこ
とは、私の知る限りはないですね（笑）。
夢眠　雑誌作りの工程ってどうなってるんですか？　例えば企画の持ち込みから始まって、
その号のテーマが決まって、次に表紙が決まる……とか。
上杉　表紙は最後の最後なんです。まず号のテーマが決まって、そうすると企画提出の締
切が決まるので、そこから私たちが企画を考えます。
夢眠　テーマが決まるのって、発売から数えるとどれくらい前ですか？
上杉　編集長たちが「次の号は、一冊まるごとパン&スイーツスペシャルでいこう」って
決めて、私たちに発表されるのがだいたい発売の5か月前くらいですね。1号のスパンはそ
れくらいですが、「オレンジページ」は月2回発行なので、ひとりあたり同時進行でだいた
い4号くらいは回しています。
夢眠　そんなに前から！　しっかり時間をかけて作っていらっしゃるんですね。

上杉　試作もあるので時間は結構かかりますね。なので暑い日に冬のおでんのことを考えたり、逆にまだ肌寒い時に夏の食べ物のことを考えたりしています（笑）。

夢眠　5か月前から誌面を作り始めるとなると、季節的に編集中にはまだその食材が出回っていないということもあるんじゃないですか？

上杉　食材調達は結構大変ですね。でも編集部のメンバーはそれぞれにそういう修羅場をくぐり抜けているので（笑）。例えば「サンマ特集の撮影をこの日にすることになったから、何とかしてそれまでにサンマを手に入れておきたい」という時に、「築地《つきじ》の○○っていう魚屋さんは、去年のサンマをいい状態で大量にストックしてるよ」と情報をもらえたりするんです。

夢眠　すごーい！　ファッション誌だったら次のシーズンに向けてそれぞれのブランドが服を作って、それを撮影していることが多いですけど、食べ物だとそうはいかないですもんねっ

上杉　そうなんです。

夢眠　企画って、ひとりで何本も考えるんですか？

上杉　だいたい一度に8本くらいは出しますね。

夢眠　そんなに！　すぐ引き出しが空っぽになっちゃいそう。

上杉　いつも必死です。夜遅くに、変なテンションになっちゃうこともありますし（笑）。

夢眠　食べ物が好きじゃないと、こんなに切り口を変えて何パターンも企画は出せないですよね。

上杉　入社を決めた理由に、「おいしいものを食べるのが好きだったから」というのはありますね。雑誌も好きでしたし、もちろん作るのも好きですが。

夢眠　やっぱりそうなんですね〜。企画を提出する時には、どんな内容をプレゼンするんですか？

上杉　「どういう特集がいいか」「なぜ今このテーマを取り上げるのか」「独自性はどこか」というふうに要素を書き出して、「何ページくらいやるか」という構成もここで考えてしまいます。それで、全体の会議でプレゼンするんです。これは「パン&スイーツスペシャル」の企画のコンテなんですが……。先ほどお話ししたページ構成もそうですし、「こういう雰囲気のページにしたい」というイメージに沿って、イラストやスタイリング、撮影をどなたにお願いしたいかということも書き込んでから、企画会議に臨んでいます。

夢眠　じゃあ料理のレパートリーだけじゃなくて、色んな方向にアンテナを張っておく必要がありますね。レシピは料理家の方が作っていらっしゃるということでしたけど、文章は

ライターさんにお願いしているんですか？

上杉　文章はほとんど外注せずに、私たちが書いています。それは「オレンジページ」の特徴かもしれないですね。

夢眠　えー、そんなところまでやるんですか！　大変！

上杉　そうですね。他社の方からもよく驚かれます。

夢眠　ちなみに、通りやすい企画ってありますか？

上杉　私は肉系がよく通っている気がします。ひき肉はハンバーグだったりそぼろだったり、色々と形が変わるので結構企画にしやすくて、例えば「そぼろ」だったら「お弁当にどういうそぼろがあったら嬉しいだろう」「冷めてもふわふわなそぼろがあったら嬉しいかなあ」とか、妄想して企画にしています。

王者としてのプライド！　「オレンジページ」のこだわり

夢眠　ページ構成とか、「こういうページにしたい」っていうのを考える時のポイントってありますか？

上杉　「パン&スイーツスペシャル」は一冊まるごとそのテーマだったので、アイドルグループみたいに何となく役割分担がありましたね。例えば「生シフォン」のページは花柄の布を使ったりして女の子らしい雰囲気だし、レシピとしてもレベルが高めなので、私が担当した「厚切り食パン」のページは手軽さを打ち出すために、切り抜き写真を使ったポップなビジュアルでボーイッシュな感じを出そうと考えました。

夢眠　ビジュアルにもこだわりがあるんですね！　確かに「オレンジページ」って写真がおしゃれだな〜っていつも思ってます。私この、シチュエーションとかにもこだわって、色とか雰囲気もきちんと演出していらっしゃるところが好きなんですよね。レシピの手順の先が見える写真が多いなあって。特集によって撮り方を変えているところとか。

上杉　嬉しいです！　そのあたりも考えていて、「グラタンは作りたてそのままじゃなくて、スプーンですくって、チーズが糸を引いているところがおいしそう」とか、料理それぞれのぐっとくるポイントを逃さず狙うようにしています。

夢眠　そういう「あざとさ」って大事ですよね。私は、そういうところに料理や食に対する愛情や情熱を感じます。あと「SNS映《ば》えするか」とかも、考えていらっしゃるんじゃないかなって思ってるんですが。

上杉　そうですね。SNSは今はもう当たり前に使われてるので、一冊の中に必ずひとつはSNS映えを意識した特集を入れようって気を付けています。普段のおかずと特別な日に作るようなおしゃれなメニューとのバランスは、毎号真剣に考えていますね。

夢眠　作ってアップするまでが一連になってたりしますもんね。あとニクいのが、「ちょこっと」とか「だって」とか女っぷりを感じるフレーズが使われてるところ！

上杉　言葉遣いもあまり硬くしないで、親近感をもっていただけるように気を付けています。あと最近は「試作メモ」というのを入れていて、担当したページにイニシャル付きで、試作した時に気付いたことを補足したりもしていますよ。

夢眠　この「U」って、上杉さんだったんですね！

上杉　そうです（笑）。

夢眠　でも、友達からレシピを教えてもらう時ってそうですよね。「こうすると、こうなるから」って言ってもらってる感じで親近感が湧きます。「U」のファンいますよ、絶対。

上杉　確かに、担当によって書くこともかなり違っていますしね。体温というか、距離の近さみたいなものは感じていただけているかなと思います。

夢眠ねむが考える「雑誌のいいところ・好きなところ」

夢眠　私、雑誌のいいところって、好きなところだけ抜き出して自分のものにできるのもそうだし、知らなかった情報がいきなり入ってくるのもそうだなあって思うんですよね。例えば今まさにこれからくるもののレシピが分かるのもそう。ＮＹスイーツってセレブが食べていたりして気にはなっていても、日本だと行列ができてて買えなかったりするじゃないですか。

上杉　新しい食べ物を紹介するタイミングって、だいたい東京上陸の時ですよね。そうすると東京にいない方は食べるチャンスがなかったりするんですけど、こうやって「お家で作って食べられるんですよ」とレシピをご紹介すると、「あの○○が食べられて感動です！」っていうお手紙をくださったりするんですよ。そういう声は励みになりますね。

夢眠　あと料理好きな人って、外で食べたものに対して「家でどう作るか」っていう考え方をしますよね。私の母もそうなんですけど、そういうお母さんって多いと思ってて。

上杉　そういう方にも喜んでいただけていると思っています。

夢眠　こういう新しい情報って、どうやって仕入れているんですか？

上杉　新しいお店がオープンしたというお知らせをいただいたら、見に行って食べたりして、おいしいから企画にしようとか、いろいろですね。定番のものに関しては、面白いエッセンスをひとつ入れるというふうにして考えています。

夢眠　ちなみに私、母の料理がすごく大好きなんですけど、母は必ず肉じゃがをコンソメで作るので、ずっと「オレンジページ」に載ってる普通の肉じゃがが食べたかったんですよ。「他の皆が食べてる肉じゃがってどんな味なのかなあ」って。そういう「まだ見ぬ味」に出会えるのも素敵なところですよね。

上杉　すごい、色んな見方をしてくださってるんですね。

夢眠　高校生の時、三重県から大阪の学校に通っていたので、大阪の駅の売店で買って、帰りの電車で熟読してたんです。普通に読んでページを折ったり、投稿コーナーに親身になったり。あとデッサンとかもしてました。

上杉　すごい、一番もとをとってくださってるかもしれない（笑）。

夢眠　本当に「オレンジページ」は大好きな雑誌なので、今日お話が聞けて嬉しかったです。ありがとうございました。夢眠書店には「オレンジページ」を毎号一等地に置きます！

今回の感想

昔からずっと愛読していた「オレンジページ」。ひとつひとつの記事にはレシピ、スタイリング、撮影、イラスト……と、担当編集さんのアイデアがぎっしり詰まっています。雑誌なので出るスピードも速いけど、レシピは全て作って味見してからじゃないと掲載しないという真摯さ、歴史ある雑誌でありながら、常に新しい風を吹き込み続ける姿勢に感動……。今も昔も愛される雑誌であり続けるというのは難しいことですが、ひとつひとつの努力を見せていただき、その秘密が少し分かった気がしました。……とにかく試食したおでんの味が忘れられません。「オレンジページ」のバイトちゃんになって、毎日試食したい!!

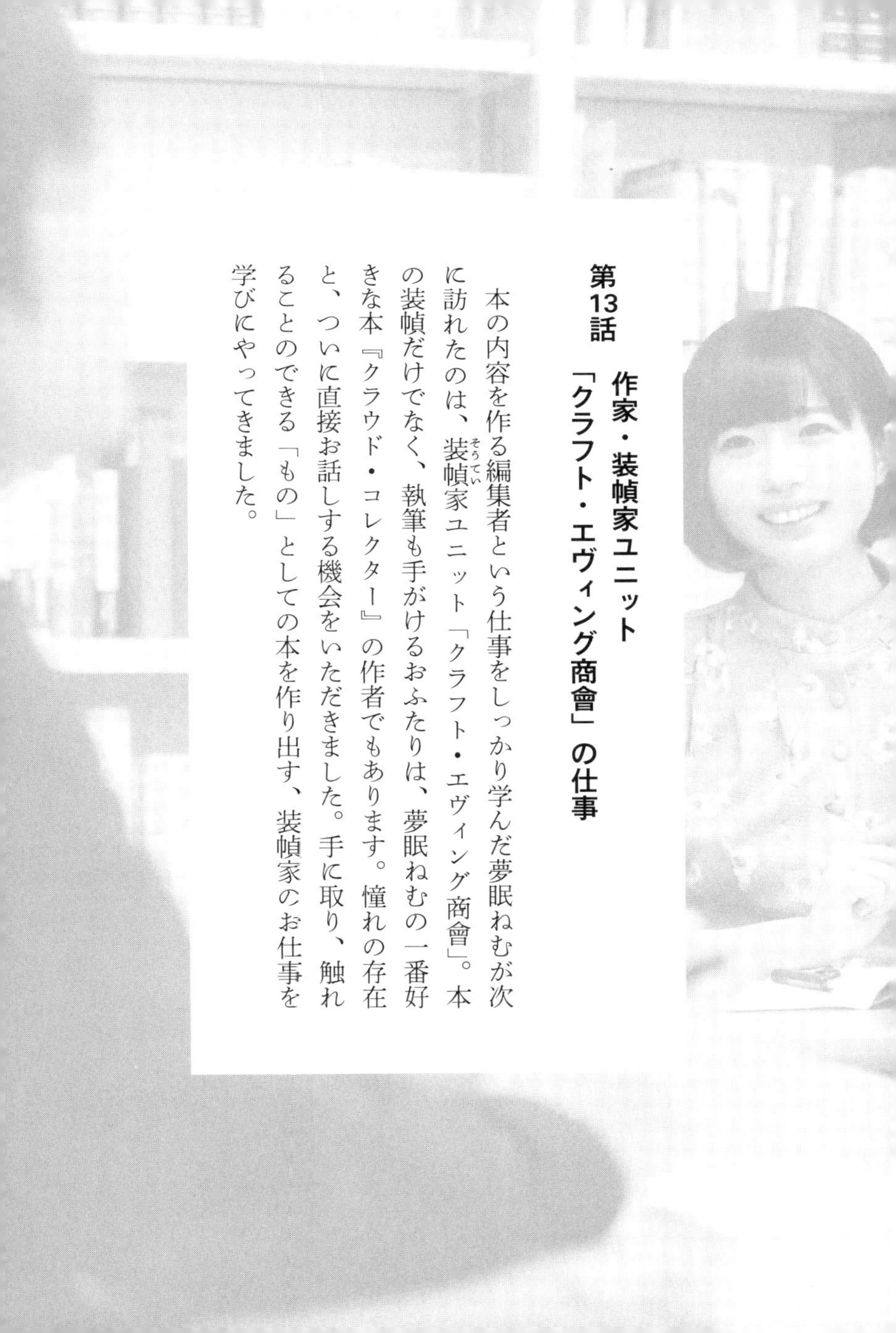

第13話　作家・装幀家ユニット「クラフト・エヴィング商會」の仕事

本の内容を作る編集者という仕事をしっかり学んだ夢眠ねむが次に訪れたのは、装幀《そうてい》家ユニット「クラフト・エヴィング商會」。本の装幀だけでなく、執筆も手がけるおふたりは、夢眠ねむの一番好きな本『クラウド・コレクター』の作者でもあります。憧れの存在と、ついに直接お話しする機会をいただきました。手に取り、触れることのできる「もの」としての本を作り出す、装幀家のお仕事を学びにやってきました。

今回の対談相手

クラフト・エヴィング商會
（craft ebbing & co.）

吉田浩美と吉田篤弘によるユニット。
著作の他に、装幀デザインを多数手がけ、
2001年、講談社出版文化賞・ブックデザイン賞を受賞。
主な著書に『クラウド・コレクター 雲をつかむような話』などがある。

「クラフト・エヴィング商會」という名前の由来

夢眠　『クラウド・コレクター』に初めて出会ったのが小学生のときで、母親とデパートに行ったら新刊でバーンと置いてあって、どうしても欲しくて母にお願いしたんです。値段が2500円で字も小さかったので、母に「本当に読む？」って聞かれたんですけど、「絶対に読む！」って宣言して、買ってもらいました。

吉田篤弘（以下、篤弘）・吉田浩美（以下、浩美）　すごい！

夢眠　そもそも、おふたりが「クラフト・エヴィング商會」というユニット名で活動を始めたきっかけは何だったんですか？

浩美　稲垣足穂《たるほ》の本を読んでいたら、「クラフト・エヴィング的な」という表現が出てきたんです。どうも、すごくいい雰囲気を表す言葉として「クラフト・エヴィング的」という言い回しが使われているようで、それがどうも引っ掛かって――。

篤弘　そのときは不勉強で、「クラフト・エヴィング的」という言葉の意味がよく分からなかったんですが、とにかく響きがよかったので、よく分からないまま借用してしまったんです。言い訳ですけどね、アイデアを出すには無知なほうがいいと思っているんです。答えを知るまでの間に「ああかな」「こうかな」と考える時間が、長ければ長いほどいいんです。

それがそのままアイデアになるので。

浩美　そのときは知らなかったんですが、後になって「変態性欲」を世界で初めて学問として研究した「クラフト・エビング博士」という人がいたことを知りました。足穂はとりわけフェチっぽいことに対して「クラフト・エヴィング的」という言葉を使っていたようです。

篤弘　「夕方の、青い電灯がぽつりとついたときの情緒がいい」といったような偏愛を、「クラフト・エヴィング的」と表現したみたいです。

夢眠　なるほど！　性的なことというわけではなくて、あくまで「雰囲気がいい」という描写なんですね。

浩美　例えば「つるりとしたゆで卵をむいたときに指の跡がちょっとついたのがいい」とか。「単に真っ白なものじゃなく、少し汚れがついている方がいい」というような。そのときは何も知らなくて、「すごくいいもの」の形容詞なんだと思って名前をつけてしまったんです。

篤弘　本当の意味は後になって分かったわけですが、「知らずに名前をつけてしまった」というのが自分たちらしいと思ったので、変えずにそのままにしています。勘違いというか、無知からつけてしまった名前なんです。

クラフト・エヴィング商會の本はどのように生み出されているのか

夢眠　おふたりは、どんな風に仕事を分担していらっしゃるんですか？

浩美　基本的には小説などの文章担当（篤弘さん）と、オブジェなどのビジュアル担当（浩美さん）に分かれてはいます。でも、それほど厳密には分担していません。

夢眠　ということは、もともとのアイデアは一緒に作られているんですね？

浩美　そうですね。分担することも大事ですけど、もっと大事なのは共有なんです。頭の中にあるものをどうやって共有するか、まずそこで試行錯誤しています。

篤弘　何かひらめいたり、気になることがあったときは、小さな紙に書いて食卓のある台所の壁に貼っておくようにしています。たとえば、「座席指定」という言葉が気になったとします。その言葉だけでは特に意味はないんですが、台所の壁に貼っておけば、彼女もそれを見る。そのうち、その言葉がふたりの中で気になる言葉として共有されて、しばらくすると、別の言葉と「座席指定」が結びつくことがあります。そうして結びついたときは、そこから何かが始まってゆく可能性が大きいです。そんなふうに、徐々に段階を踏んでいくところから意識的に共有しています。

夢眠　おもしろい！　おふたりで「よーし、やるぞ！」って話をされているのかなと想像していたんですけど、「紙に書いて貼っていく」っていう作業は私のイメージする「クラフト・エヴィング商會」の感じがすごくします。「かけらを拾い集める」というか。

篤弘　いや、そんなにロマンチックなものではなくて（笑）。日常的な作業です。

夢眠　食卓ですもんね。

浩美　ほとんど、普通の言葉ばかりなので、「何だろう、この『洋菓子店』って？」という感じです。

篤弘　「出前」とかね（笑）。ただ、「アイデアがひらめく」っていうのは、もともと自分が持っているものに、よそから別のものがやってきてつながった瞬間のことだと思うんです。アイデアが丸ごといっぺんにやってくることはまずないです。もともと自分が何かを持っていて、そこにくっついてくるから「はっ」とするんだと思います。そんなふうに手元で何かと何かがつながると、隣にいる彼女にも「こういう面白い言葉があるんだけど」とさらにつながっていく。つながっていく力を持っているものは、自分の手元から外に出て行く力をすでに持っているんじゃないかと思います。アイデアがひらめいて何かになっていくというのは、きっと、そういうことなのかなと。

浩美　「面白い」と言ってくれる人が隣にいることが大事ですね。

夢眠　私には自分の頭でひらめいたことを自分の発明として独り占めしちゃうようなところがあって、それを誰かと一緒に大きくしていくっていう考え方ができるようになったのは、結構最近です。なので、そうやって「頭の中をふたりで共有してものを作る」というのを自然にやっているのが、すごいなと思います。

篤弘　最初は共有するのが難しかったんです。仕事に関わる人数が増えれば、さらに難しくなる。でも、本を作っていくことは、共同作業の連続なんです。僕たちは、かなりのところまで自分たちでやっていますが、そうは言っても、編集者や写真家、色々な人たちと共同で作業するわけで、やっぱり共有ができていないと同じ思いでひとつのことはできないんです。まずもって、自分たちふたりが共有できているのか、という問題があって、それで、なるべく日常的に楽しく共有する方法を試しているうちに、台所の壁に……（笑）。

いざ作るときは、とにかくひと晩でやりたい

篤弘　これはよく言っていることなんですが、ものを作るときも、装幀の仕事をするときも、とにかくひと晩で仕上げたいんです。

夢眠　えっ、ひと晩!?

篤弘　実際、本当にひと晩で作ることは多いんです。ただ、助走期間はけっこう長いんです。例えば装幀であれば、依頼をいただいてから2週間くらい助走の期間があって、その間にふたりで、ご飯を食べているときでも話し合ったりして。電車の中吊り広告を見ながら、

「ああいう色がいいよね」って話したり。で、「そろそろ締め切り」となったところで、ひと晩で作ります。

夢眠 ためて、ためて、よっこいしょ、でひと晩？

篤弘 ひと晩で作ると、自分たちが作ったのではないかのようなものができるんですよ。例えば、一か月くらいじっくり集中して、作品に思いがこもってしまうと、それはもう「自分たちのもの」になってしまいます。でも、「クラフト・エヴィング商會」はあくまでセレクト・ショップであって、僕らがどこかで見つけてきたものを「これ、なかなかいいですよ」と皆さんにご紹介するというコンセプトです。だから、そこに「自分たち」の思いをこめてしまっては駄目なんです。いつの間にかそこにあった、というのが理想です。そうすれば、「これ、いいでしょう」と他人事のように書けます。思いがこもってしまうと、簡潔な売り文句や解説が書けなくなってしまうんですよ。

夢眠 「これ、ここが大変でねえ……」みたいになると、おかしくなっちゃうんですね。

篤弘 そうです。なるべく、サラッといきたいんです。

夢眠 私はそのサラッとしたところを「かっこいい」って感じるんでしょうね。

篤弘 いや、単にふたりとも江戸っ子で気が短いので、さっさと片付けてしまいたいだけなんですよ（笑）。

中身よりも「容《い》れ物」を先に作る

夢眠　装幀を手掛けるときも、同じ感覚でやっていらっしゃるんですか？

浩美　装幀は他の方の作品に、どうやって、より良いパッケージを提供するかということなので、自分たちの作品とは違います。

篤弘　当たり前ですが、デザインとアートはまるで違うものです。今日はデザインに使う「つかみほん」を持ってきたんですが――。

夢眠　「つかみほん」？　真っ白い本ですね……。

篤弘　本を設計するときに使うものです。本にしたときのイメージを把握するためにこうして見本を作るわけです。普通はテキストや写真などの中身の素材が完成して、その分量をもとに計算してページ数を決めるんですけど、『クラウド・コレクター』もそうでしたが、僕たちはいつも何もない段階で先に見本を作ってしまうんです。

夢眠　えっ!?　容れ物だけ先に作っちゃう？　それってすごく特殊なやり方なんですよね？

浩美　特殊ですね。たぶん、私たちだけだと思います。

夢眠　「つかみほん」の「つか」って……「つかのま」の「つか」ですか？　あっ「束《たば》」か！　「摑める」の「つか」かと思った（笑）。「束見本《つかみほん》」と書くんですね。

篤弘　本って、表紙だけ見ていると「平面」という感覚が先立つんですが、実際は手に持つもの、つまり「立体」です。だから、手にしたときの感覚をまず自分たちが体感したいんです。ねむさんが言った「摑める」というのも当たらずと言えども遠からずで、例えばカバーをデザインするにしても、束《つか》（本の厚さ＝背幅）やページ数がどれくらいかという情報が重要です。パソコンでデザインを決めてゆくときも、画面で作った版下を何度もプリントアウトして束見本に巻いて、手で持ったときにどんな風に感じるのか何度も確認します。平面の状態で「どうしようか」って考えるんじゃなく、立体にしたものを見たり触ったりしながら考えるのが重要なんです。これは『クラウド・コレクター』の頃から一貫してそうしています。

夢眠書店は「立ち読みＯＫ」のほうがいい!?

夢眠　私たちはこういう風に本が大好きなわけですけど、「勉強が嫌い」というのと同じ感覚で、本を「怖い」と思って読まなくなっている人もいっぱいいるみたいで。本を「読め」

って言われたり、読書感想文を書くための手段として読まされたり……。なので、本を怖がっている人に「怖くないよ」って伝えて、本がたくさんの人の手を通ってできていることを色々な世代の人に見てほしくて。それで夢眠書店を作ろうと思ったんです。

浩美　素晴らしいです。

夢眠　あと、本をちゃんと「もの」として手に取って触れる場所を作りたいと思っています。夢眠書店を開店するにあたって、何かアドバイスをいただけますか？

浩美　アドバイスというほどでもないんですが、このあいだの展覧会で、自分たちがこれまでつづけてきたことは「物語の扉を作ること」だったと気付いたんです。「私たちは扉を作っているだけで、実際の物語は、読者がその扉を開けて楽しむものだ」と。「『おしまい』や『終わり』ってあるのかな」と最近よく考えるんです。便宜上、終わらせても、その先もまだ物語は続いているわけで――。

夢眠　主人公たちは生きてますもんね。

篤弘　本屋さんというのは、常に新しいものが入ってきて、毎日、変動があって新しい扉が生まれる、そういうところだと思います。かけらや言葉を拾いあげる、という話が出ましたけど、一番言葉を拾えるのは、本屋さんで立ち読みすることなんです。タイトルを見て、「さて、どんな本だろう？」となったとき、その本のすべてを知ろうとするのではなく、パラパラッとめくってほんの何行か読む。その「拾い読み」で偶然読んだ言葉に何か感じるところがあったらメモしておく。そこから生まれたものがたくさんあります。本をめくるたび言葉が発見されて、それがまた違う言葉と出会って広がっていく。そんな遊びを日常的にできるのは本屋をおいて他にないんですよ。

夢眠 じゃあ、立ち読みはOKにしたほうが……？

篤弘 ぜひ、OKにしてください。

夢眠 私がハタキで叩きにこない（笑）。

浩美 「いい本屋さんってどんな本屋さんだろう」ってふたりで話していたんですが、例えばすごく趣味のいい本が並んでいたらたしかに「いい本屋さんだな」と思うけれど、その趣味が自分とまったく同じだったらそれ以上のことはなくて、結局、つまらないと思うんです。

篤弘 店に入ったときは「あ、いい本屋さんだな」と思うかもしれないけど、それは自分の趣味と同じだったり、自分の本棚に似ていたりするだけで――。

夢眠 新しい出会いがないですね。

浩美 本屋さんには新しい刺激をもとめて行くので、並んだ本の中に知らないことや異質なものが入っていてほしい。「これは何？」っていうものがほしいんです。

篤弘 本屋さんが自分の好みだけで本棚を埋めてしまうと、自分と趣味が似たようなお客さんにとっては、視野の狭い結果になってしまいます。だから、自分が知らないことや興味のないものも入れて棚を構成しないと、一定のイメージに固まってしまって、窮屈になってしまいます。本屋さんは、もっと広がりのある、色々なところにつながる場所であってほしい。そのためには、ノイズが必要です。本屋さん自身が、積極的にノイズのようなものを採り入れてゆく意識を持っていないと――。

夢眠　人の本棚を見てギョッとすることもありますけど、そこから新たに作家さんを知ったり、自分が嫌なものを知れたりするということもありますよね。あと、好きな人の本棚がガッカリな内容だったら「この人とは付き合えない……」って思うかも（笑）。

篤弘　アイデアの話と同じで、自分の考えだけじゃなく、色々な考えが混在しているのがいい本屋さんなんだと思います。偶然と出会う確率が高い本屋さんがいいんです。

夢眠　そういう棚づくりもできたらいいなと思います。今日は本当にありがとうございました。すごく幸せでした！

今回の感想

大好きな大好きなクラフト・エヴィング商會のおふたりから貴重なお話をたくさん聞けて……感涙！（上京してすぐに初めて書店のサイン会に参加した思い出もあります。その時も泣きました。笑）おふたりならではの作品づくりの発想方法や、装幀を考えるにあたって大切なことを教えていただいたのですが、真っ白な束見本から作るというのはとても刺激的なお話でした。知らなかったものと出会う「物語の扉」としての本屋さん……なんて素敵な響きなんでしょう！　そんな本屋にするために、まだまだ勉強は続きます。

第14話　校閲者のお仕事とは？

今回は「本を作る側」の中でも、私たち読者にとってはなかなか覗けない領域、「校閲《こうえつ》」という仕事について、新潮社の校閲ガールのもとに学びにやってきました。校閲と校正はどう違うの？　校閲者と編集者と作家の関係は？　なんだか怖そうなイメージのある校閲者におっかなびっくりお話を聞きます。

今回の対談相手

湯浅美知子

新潮社 校閲部

1973年生まれ。入社以来、校閲部員として
週刊誌から文芸作品までありとあらゆる刊行物を担当する。

飯島秀一

新潮社 校閲部部長

1960年生まれ。入社以来、校閲部に所属し、
雑誌・辞典・単行本を担当。2014年より校閲部部長。

田中範央

新潮社 出版部文芸第二編集部

入社後、週刊新潮編集部に8年在籍した後、出版部に異動し
単行本を作りつづけて2016年で20年。

そもそも「校閲」ってどんな仕事なんだろう？

夢眠　私、今日しゃべる言葉のひとつひとつに赤を入れられるんじゃないかって心配していて……（笑）。言葉遣いが間違っていることも多いと思いますけど、よろしくお願いします！　まず、校閲というのがどんなお仕事なのか、教えてください。

湯浅　会社が紙に刷ってリリースするものは、基本的に全て校閲部員が目を通しています。たとえば、本の中身はもちろん、カバー、帯、あとスリップに書いてある ISBN の数字なども、チェックしています。

夢眠　すごい！　もれなく見てるんですね。中の文章だけじゃないんですね。私に最も向いていない仕事だということが、すでに分かってしまった……。そもそも校閲と校正は、どう違うんですか？

湯浅　校正はオーダー通りにゲラ（試し刷り）ができているかの点検ですね。機械的な、検品に近い作業をイメージしていただくと分かりやすいと思います。「原稿合わせ」という原稿を一字一字照らし合わせる作業などをしますが、内容はこの段階では読みません。

夢眠　えっ、そのときは読まないんですね。心を無にするのか……。

湯浅　そうなんです。一方、校閲は書かれていることが妥当であるかの内容チェック、事実関係、人名、固有名詞、話のつじつまなどを確認しています。

飯島　昭和40年代くらいまでは「校正部」という呼び方をしていたんです。その時代は生原稿を活版（活字を一字ずつ拾って組む印刷版）で組んでいたので、生原稿をそっくり再現するというのが一番重要だったんです。それがどんどんデータ化されて、原稿合わせの作業が減ってきたので、内容にも立ち入っていくという方向にシフトしてきたんですが、著者のオリジナリティを尊重するという基本姿勢は変わっていません。

夢眠　そんなに細かい作業をやっていらっしゃるのに、奥付に、校閲者の方のお名前は出ないんですか？

湯浅　出ませんね。むしろ出してほしくないです……。何か間違いがあったときに、誰が校閲したのかが分かってしまうと「責任者出てこい！」みたいなことになってしまって嫌なので（笑）。

夢眠　確かに嫌だ！　それは隠しておきたい！（笑）

湯浅　だから「私がやりました！」って言いたいタイプの人には、向いていないと思います。ちなみに、著者名やタイトルなどのカバー周りを間違えるのが、一番罪が重いというか、とんでもないことなので、そこは特に慎重になりますね。

夢眠　戸締まりとか「火の用心」みたいに、何回も何回も著者名を見るんですか？

湯浅　本当にそんな感じです。

夢眠　最後の最後に間違いが見つかって「危なかった！」というような経験はありますか？

湯浅　あの……本当に、しょっちゅうそういう夢を見るんですよ。

夢眠　夢！（笑）　私も、振付や歌詞が頭に入ってないままでステージに出る夢を見ます。「分かんない、分かんない！」みたいな。やっぱり、自分が一番怖いと思っているものが夢に出ますよね。出版直前にはドキドキしますか？

湯浅　します。出版直前もですが、新しい原稿を「次はこれをやって」と渡されるたびに、毎回「こんな難しそうなのムリ！」と思いますね。

夢眠　人間だから、興味のあるなしもちろんあるじゃないですか。全然知らない分野の本をどーんって渡されても、合ってるか合ってないかなんて、いちから調べなきゃ分からないですよね。

湯浅　そうなんです。ですが、仕事ですので、言われたらだいたいは頑張ってやっています。

校閲者の試験は、やっぱり校閲することだった！

夢眠　名前が載らないとか、「向き・不向き」でいえば、私みたいに「夢眠ねむ！」って書きたい出たがりの人は校閲者に向いていないと思うんですけど、湯浅さんはもともと「本に関わる仕事がしたい」という夢があったんですか？

湯浅　学生の頃に、出版社に勤めている先輩のところでアルバイトをしていて、出版の仕事は面白いなって思っていたんですけど、出版社の求人って編集者の募集ばっかりなんですよね……。もっとひとりで考えながらできる仕事はないかなと思っていたら、たまたま新潮社で校閲者を募集していたので、試験を受けました。

夢眠　試験……。難しそう！　原稿がドサッとあって「どこが間違っているか指摘しろ！」みたいな感じですか？

飯島　そうです。本当に、実技試験です。40分くらい時間を与えて、原稿と、それを組んだゲラを突き合わせて、一字一句同じように再現するというような試験です。わざと誤植《ごしょく》を入れてあるゲラを読ませて、違っているところを指摘してもらう。

夢眠　そんな実際にやる仕事みたいなことを、いきなりテストでやるんですか!?　聞いているだけで、めちゃくちゃ狭き門のような気が……。小さい頃から、間違い探しとか得意だったんですか？

湯浅　いえ、そんなことないですよ。普通です。自分では普通だと思ってるんですけど。

夢眠　いや、絶対そこが秀《ひい》でているんだと思いますよ。たとえば月の満ち欠けとか、「この季節はこうだから、こうでないと正しくない」みたいな細かい部分って、辞書だけでは合っているかどうかが分からないと思うんですよね。やっぱり、豊富な知識を持っている方がすごいってことになるんですか？

湯浅　知識があるというよりは、「ここは本当にこれでいいのか？」という考えでいつも原稿を見ていると、分からなければ調べられます。知っているから気が付くんじゃないんです。

夢眠　そっか、ちゃんと「分からない」と思って調べられる能力なんですね。

湯浅　そうです。だから、何とも思わないっていうのが一番いけません。ひとつの文を読んだときに「ここはチェックしないといけない」「ここはこのままでいい」っていうのを判断しないといけない。事実関係を調べるにも、全部調べていたらきりがないので「ここは大丈夫だろう」っていう判断というか、その感覚を摑むのが難しいですね。

夢眠　なんか、想像もつかなかったのが、ちょっと意味が分かってきました。そういう優秀な校閲者が集まっている「聖地」みたいなところが新潮社だっていう噂を聞いたんです。私、本当に無知だったので、校閲ってしっかり者の編集の方が担っているんだと思ってました。でもちゃんと組織があって、専門の方がされていると分かって、びっくりでした。

湯浅　新潮社はわりと何でも分業して、特化して、それぞれの持ち分に集中するっていう特色がありますね。

夢眠　それって重要なことですよね。できる方や得意な方に任せたほうが、いいものができると思います。

湯浅　本を作る中で、私たちは書かれたものを見るだけなんですから、逆に言うと、誤植くらいは気が付かなきゃダメじゃんって思います。

夢眠　かっこいい！　何となく、校閲ってすんごい怖い人たちがやってるのかと思っていたんですが……。

湯浅　あ、怖い人もいます。

夢眠　あははは！（笑）　おふたりとも柔らかい方だから。もっとこう……辞書をそのまま擬人化したような方がやってるというイメージがあったんですけど。

実際に校閲が入ったゲラを見てみよう！

夢眠　じゃあちょっと、見せていただいてもいいですか？　編集者の田中さんご担当の作品を。

田中　これは『村上海賊の娘』のゲラで、著者の和田竜《わだりょう》さんにもお見せする許可をいただきました。歴史小説で、フィクションも入ってるんですけど、ストーリーの根幹は織田信長と村上海賊、毛利家の合戦という史実で、現存する史料の量がものすごくて……。

夢眠　（段ボール1箱はゆうにある史料の山を見て）うわー！　ギョギョギョギョー!!　すごい量ですね！

田中　作中には、史料からの引用もあるんですよ。例えばこのような記述があった場合には、その史料にあたって、引用の通りに書かれているかどうか確認する必要があります。

「『信長公記』によると、信長方の武将たちが野田、森口、森河内に続いて天王寺に砦を完成させたのは、天正四年の四月十四日のことである（『村上海賊の娘』文庫第一巻より）」

夢眠　そうか。ここは想像じゃなくて、本当の史料が引用されている一文なんですね。

田中　和田さんが使用した史料を全部コピーさせてもらって、校閲者がすべてチェックしていきました。引用が正しいかどうかというのと、もうひとつ、これもまさに校閲の仕事なんですが、和田さんの史料の解釈が正しいかどうかという確認も、校閲者がしてくれました。

夢眠　うひゃー！　すごーい!!

田中　校閲者が史料にあたっていくと、和田さんがどのようにフィクションを入れていたかも分かります。

夢眠　（赤字の入ったゲラを見て）私、小説のゲラといえば本当にこのイメージでした。赤線を引かれて「ぴょっ」って。

田中　さっき話した校閲の仕事に「原稿合わせ」とい

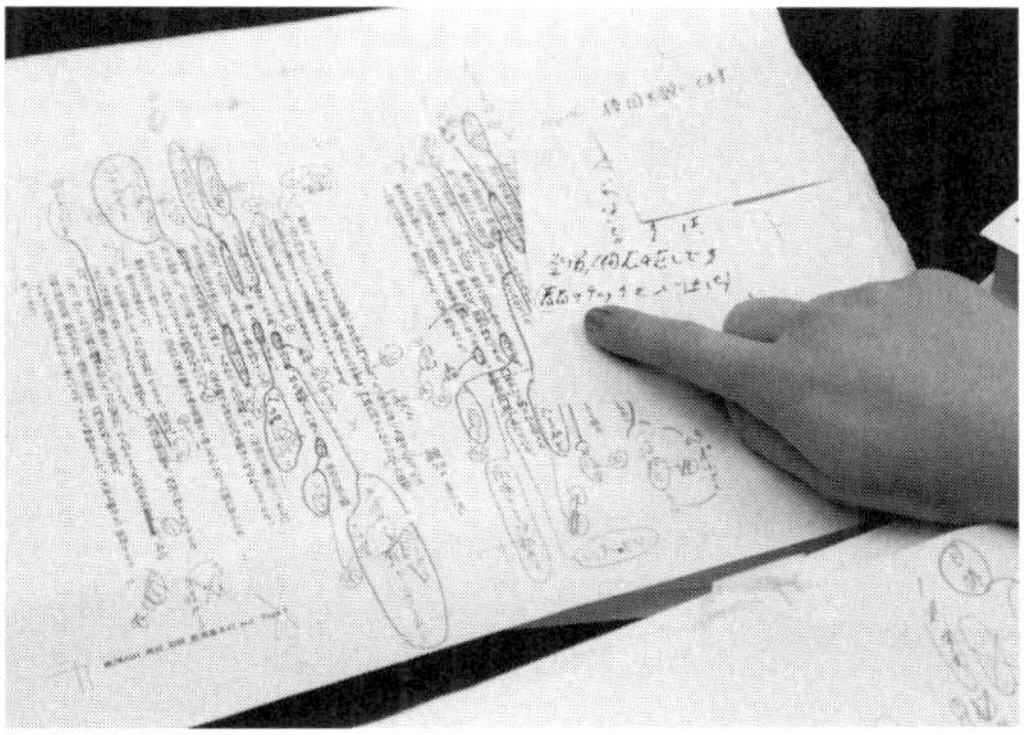

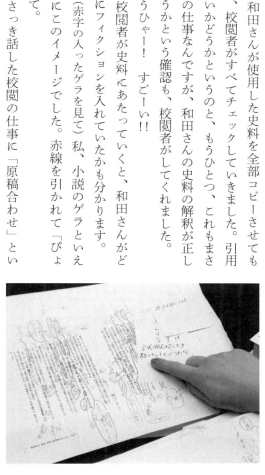

うのがありましたけど……。

夢眠　うわー、ふせんがいっぱい！

田中　校閲の仕事で大変なのは、まず、このゲラ、真っ赤ですよね。この赤字、つまり著者の直しを印刷所が次のゲラに取り入れて出してきたときに、赤字がしっかりゲラに反映されているかを確認するのも校閲者なんです。こういう真っ赤っ赤のゲラを見ると、自分は印刷所のオペレーターさんと校閲者にはなりたくないなと思います（笑）。

夢眠　分かります。私も、絶対大変だからライブ会場のＰＡ（音響技士）さんにはなりたくないです！（笑）

湯浅　これが、印刷所の人が赤字をみんな直してくれているはずのゲラなんですけど、本当に直っているかチェックする方法として「めくり合わせ」というのがあって、パラパラ漫画みたいにするんです。ことここを合わせて……（一番上のゲラを高速でめくっては戻すを繰り返す）。

夢眠　えっ？　えっ？

湯浅　違っているところが分かるんです。

夢眠　分かんない！（笑）　えっ、それ「字」っていうか、「形」で見てますか？

飯島　そうですね。お札の点検でも、よくバーッてめくるんですよ。違うのがあると残像で分かるので、それを除ける。例えば、一字抜けていると、ずれますね。その場合は、一字分だけずらして、またこうやって……。ただ、「めくり合わせ」は誰もがやっているわけではなくて、ある他の会社では、このやり方ではなく、両方のゲラを並べて追っていく形だと伺いました。

夢眠　じゃあ、それぞれの「門」によって師匠が違って……。

湯浅　そうですね、それぞれ流儀があるというか。

夢眠　かっこいいー！　お茶とかお花みたいじゃないですか！　「めくり合わせ」はどれくらいで習得されたんですか？　焼き鳥屋さんの串打ち3年！みたいな（笑）。

湯浅　仕事ですし、あまり時間がかかってはいけなかったので、人がやっているのを見て覚えました。雑誌の仕事は何人かでチームを組んでやっていたのですが、私がやった仕事を他の人も見て「こういうところができてない」というのを補ってくれますので、みんなが帰ったあとにそーっと見て、「あ、こことここができてないんだ」って。みんな、わざわ

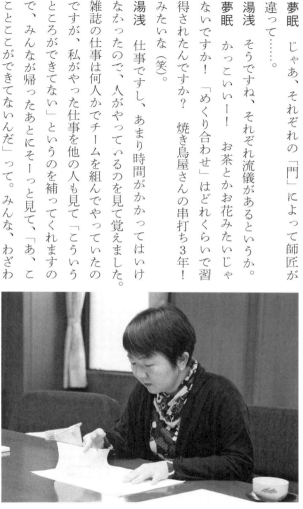

ざ言ってはくれないんですよね。多分、職人の世界ってそうだと思うんですけど、なにごとも見て覚える。

夢眠　技を盗むってことですね。

田中　編集でも、著者への疑問出しとか教えてくれませんね。幸い、私には良い先輩がいて「著者に疑問を出すときはこういう風にやれ」とゲラへの書き込みかたなどを教えてもらえたんですけど、他の人は先輩が机に放置しているゲラを見て、「こうやって疑問を出すのか」って盗んだり、先輩が著者に送ったＦＡＸをすぐにコピーして「こうするのか」と自主的に学んでいるみたいです。

夢眠　すぐにコピーして！　すごい世界ですね！

湯浅　色々な人がいると、色々なやり方があるというのが分かります。やっぱり人間というのは偏っているので、自分ではまんべんなくやっているつもりでも絶対に抜けているところがあるし、自分は誰かの抜けを補っているわけです。なので、なるべく色々な人の仕事を見て、まんべんなく行き届く目を養うことが大切です。

3回しっかり読んでも、実は内容を覚えてない!?

湯浅　私たちは本が出版されるまで何度も原稿を見るわけですけど、実は原稿の内容って、いつまでも覚えていないんですよ。

夢眠　えっ？

湯浅　本を一冊仕上げると、終わった本のことって本当にすぐに忘れちゃうんですよ。忘れないと、次の本のことが入ってこないんです。

夢眠　そっか！　次は山賊の話かもしれないのに、ずっと海賊をひきずっていると……。脳の容量何テラバイトないとダメなんだって話ですもんね。女優さんみたいに、「このときはこの役に入り込む」ってことですね。

湯浅　なので、終わったらすぐに忘れます。もう何にも覚えていない（笑）。最初は自分だけがそうなのかと思って秘密にしていたんですけど、あるとき校閲部の先輩にその話をしたら「私もそうだよ！」「私も！」「私も！」って。皆そうなんだなあと。

田中　校閲者って初校・再校・念校と、最低でも3回は必ず読みますよね。3回も読むと、よほどひどい作品でない限り頭に残るんじゃ……。

夢眠　いや、私も残らないです。

田中　あ、残りませんか（笑）。

夢眠　本当に大好きな作品でも、もう1回読んで「わー面白い！　こんなこと書いてあったんだ！」とか思いますよ。

湯浅　逆に全部覚えている人っていうのは、失敗を引きずって辛くなっちゃったりしますね。ミスしたことのない、怒られたことのない人なんていないので。ただ、それを「私はミスした、ミスした……」って思っていると生きていけないので、チャッと反省して、すぐ次に行かないと、自分の精神衛生のためにも良くないです。

夢眠　かっこいい！　実は私、そういうところネガティブで、怒られるのが大嫌いなので、ずーっとクヨクヨしちゃうんですよ。だから「ま、いっか」って、思ってなくても言うようにしてます。

湯浅　もちろん仕事なので、同じミスをしないように反省はしないといけないんですけど、クヨクヨしても、誤植が勝手に直ってくれるわけではないので。同じことをしないようにすればいいのかなって。

夢眠　なんか、ちょっと人生論みたい……。

湯浅　いやいや、そんな話になるとは（笑）。

いないことになっているくらいがちょうどいい

夢眠　関わっていた作品の裏話なんかもあるんですか？

湯浅　本当はそういう話もしたいんですけど、基本的には内緒ですね。作家さんにとっても、触れられたくないことがいっぱいあると思いますし。

夢眠　でも、危機はたくさん救われている……。陰のヒーローですね。
湯浅　「いないことになっているくらいがちょうどいい」というか。あまり目立ちたくないですよね。本当は校閲者なんていないかのようにスーッとできていく本のほうが、いいわけです。隠密《おんみつ》な存在でいたいというか。基本的に、誤植が何もないというのが当たり前なんです。そこからの減点法なので。
田中　『村上海賊の娘』は校了ぎりぎりまで疑問出しと著者校正の赤字の量があまりに多かったので、実は赤字の直し洩れや誤植が出ても仕方がないかなと覚悟していたんです。この本はそれがひとつもなかったんですよ。
夢眠　うわぁー!!
田中　１０００ページ近い本で、ものすごい赤字の量だったのに直し洩れや誤植がなかったのは、やっぱり校閲者の力ですね。たしか校了前の一週間は徹夜つづきで、最終日は一昼夜ぶっとおしで、終わったのは朝の10時頃でしたから。
夢眠　なんか……泣くー！　そういえば以前絵本の出版社さんへ行ったときに聞いたんですが、ちびっ子から「このときの服の色と他のページの服の色が違います」っていうお手紙が来たりもするそうですよ。
湯浅　それは校閲者の素質があるので、弊社にぜひ（笑）。イラストもちゃんと見るんです。Tシャツの英語が違ったりしたことがあって。

田中　昔あったのは、コオロギのイラストに校閲者の疑問で「コオロギの羽はもっと長いです」って（笑）。私が担当した本のイラストでしたけど、そのときはイラストレーターの方に描き直してもらいました。

湯浅　写真も、デジカメになる以前は「裏焼きになっていないかチェックする」っていう工程がありまして、後ろに書かれている文字とか、時計の文字盤とかを見るんですよ。

夢眠　校閲の皆さんって、雑学王クイズとかでめっちゃ上位に行けるんじゃないですか？

湯浅　でも終わったら忘れちゃうので（笑）。記憶の在庫は大したことないんですよね。

夢眠　そっか、忘れるんだった！（笑）　そこが人間っぽくていいなー。素敵です！

最後に夢眠書店に対するアドバイス

湯浅　やっぱり、一番最初にいらっしゃるのはファンの皆さんだと思うんですよね。ファンはスターの好きなものが知りたいわけですよ。なので、あまり気取らず「自分の本当に好きなものを集めた」という風にやれば、ファンも嬉しいと思います。

夢眠　それ聞かないと、ちょっと気取るところでした。

湯浅　ファンの人は夢眠さんの「人となり」みたいなものが知りたいんじゃないかと。家にたとえると、皆を家に入れるわけにはいかないけど、庭っていうのは皆が見ますよね。だ

から、その庭を作るんだというような気持ちで。

夢眠　庭……、なるほど。今日、お話が面白くて全然メモが取れなくて、「庭」しか書いてない（笑）。

湯浅　きれいな庭にするんじゃなくて、好きな花を植える。

夢眠　「これきれいでしょ？」って言うよりは、自分が素敵だと思う空間を作るってことですね。今日は貴重なお話を本当にありがとうございました！

今回の感想

校閲と聞くと、皆キリッとパキッとしていて厳しいというイメージがあって、びくびくしていたのですが、実際お話を伺ってみると柔らかく包み込んでくれるような皆さまで……（個人差はあるようですが……笑）。本は、情報が刷られているもの。その情報が誤って読者に伝わらないように正しつつ、その存在を前に出さないようにしている謙虚なお姿がスマートで、本当に素敵でした。出版物の戸締まりをしてくれている校閲の皆さまに感謝！

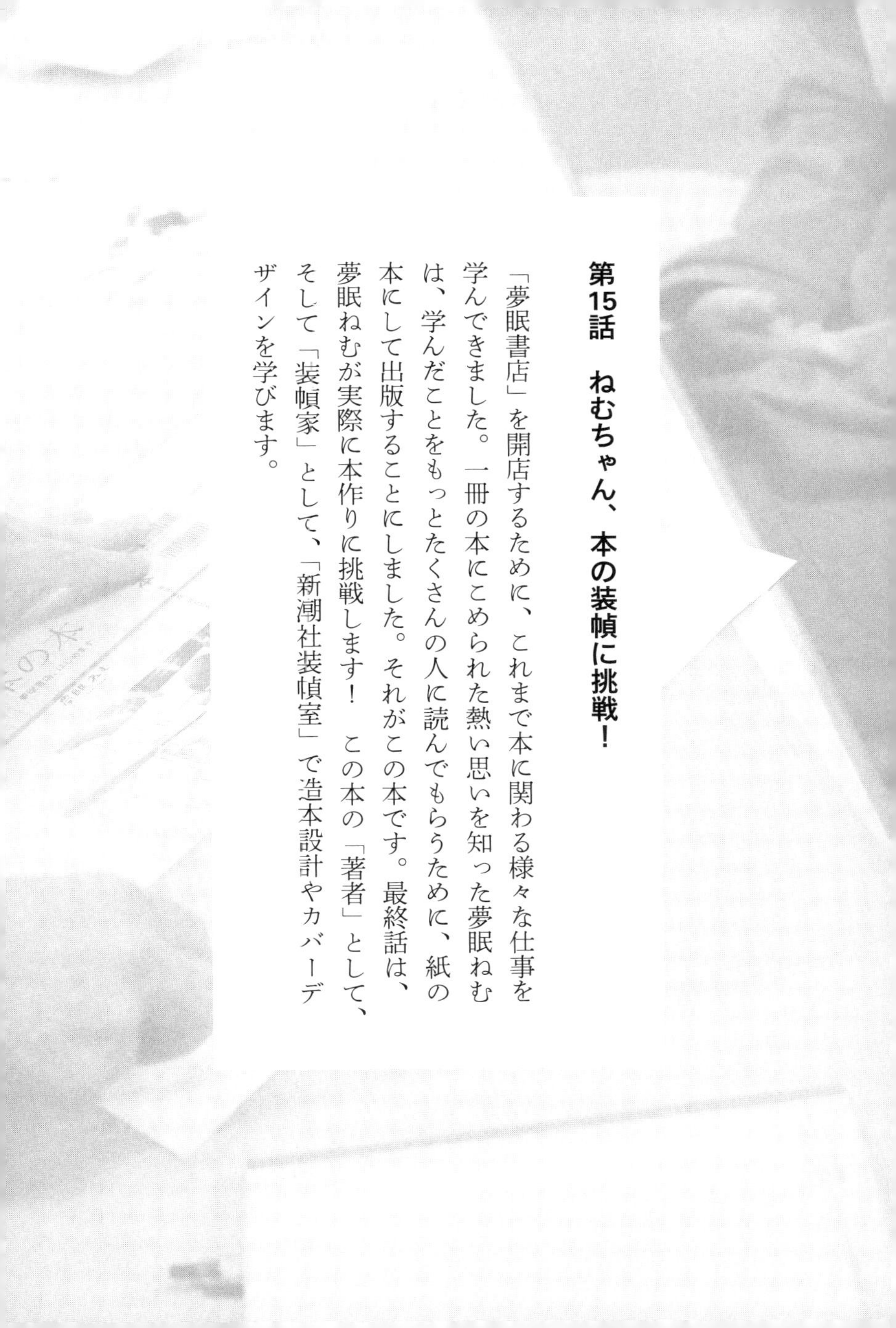

第15話　ねむちゃん、本の装幀に挑戦！

「夢眠書店」を開店するために、これまで本に関わる様々な仕事を学んできました。一冊の本にこめられた熱い思いを知った夢眠ねむは、学んだことをもっとたくさんの人に読んでもらうために、紙の本にして出版することにしました。それがこの本です。最終話は、夢眠ねむが実際に本作りに挑戦します！　この本の「著者」として、そして「装幀家」として、「新潮社装幀室」で造本設計やカバーデザインを学びます。

今回の対談相手

二宮由希子

新潮社 装幀部

1964年生まれ。芸術新潮編集部を経て装幀部へ。
イラストレーションやデザインが好きで、
会社勤めのかたわらセツ・モードセミナー、
パレットクラブスクール、鳥海修氏の文字塾に学んだ。

黒田貴

新潮社 装幀部部長

1964年生まれ。多摩美術大学デザイン学科卒（夢眠ねむの先輩）。
東京書籍を経て、'95年より新潮社装幀部に勤務。

作る本のイメージを固めよう

〜事前打ち合わせ〜

夢眠　私、ブックデザイナーになりたいって思ってた時期があるんです。本もデザインも、どっちも大好きなので、「本をデザインする」なんて、そんな素敵な仕事があるんだ！　って憧れてました。今日はよろしくお願いします。

黒田　照れますね。どうぞよろしくお願いします。

二宮　ではさっそく、今回の本のデザインを一緒に考えましょう。「文芸っぽくしたい」というねむさんのイメージに合わせて、いくつか見本を持ってきました。まずは造本ですが、新潮社では「クレスト装」と言われている「仮フランス装」はいかがでしょう。

黒田　「新潮クレスト・ブックス」という海外文学シリーズで初めて使われたので、そう呼ばれています。表紙を折りたたんで作る、ヨーロッパの伝統的な製本方式の簡易版です。ハードカバーとソフトカバーの中間のような印象になります。

夢眠　かっこいい!!

二宮　本の背には丸背《まるせ》と角背《かくぜ》があります。お持ちしたサンプルは角背ですが。

夢眠　四角いのが気持ちいいですね。角背がいいです。

二宮　では今度お会いする時までに「クレスト装・角背」で束見本《つかみほん》をご用意しますね、お楽しみに。さて、続いてはカバーです。いろんな紙を選べるのですが、これはいかがでしょうか。クラフトペーパーデュプレという手触りの良い紙です。これ、表が白くて裏がクラフト紙でかわいいんです。

夢眠　かわいい！　これにします。大好きなクラフト・エヴィング商會っぽさがある。

二宮　このカバーの紙をねむさん色のミントグリーンにすることもできますが……。

夢眠　そのまま白い方がいいですね。アイドルとして、というよりもかっこよく作りたいです。

二宮　では、スピン（しおり紐）をミントグリーンにしましょうか。スピンは見本帳がありまして、こんなにたくさんの種類から選べます。

夢眠　うーん、これですね、綺麗な色。17番。

黒田　それと、夢眠さんは美大出身ですので、せっかくですから題字を手書きのレタリングで書いてもらおうかな、と。

夢眠　いいですね、やってみます!!

二宮　カバーがシンプルなので、幅広の帯に写真とキャッチコピーを入れましょう。帯をめくるとその下にねむさんの描いた「たぬきゅん」がいるというのはどうですか？

夢眠　いいですね！　図書館とかでよく押してある「蔵書印《ぞうしょいん》」みたいなデザインにしたい

です。あ、せっかくなので本物の判子《はんこ》を作ってカバーに押すというのはどうですか？

二宮　いいアイデアですね。本すべてに直接押すのは難しいので、判子を作って、それを押したものをスキャンしてカバーに刷り込みましょう。実際に押したみたいな印象になって、遊び心があって面白いですね。

書体で印象は大きく変わる

二宮　次は本の中、「本文組《ほんもんぐみ》」を決めたいと思います。今回は例として文芸作品でよく使われる2種類の書体で見本を組みました。「秀英明朝」と「イワタ明朝体オールド」です。

夢眠　書体で印象が変わりますね。秀英体はすらっとして見える。「な」とかひらがなの丸い部分が全然違いますね。イワタもクラシックな雰囲気で……どっちもいいなあ。

二宮　イワタは活版を元にした書体でレトロなかわいさがあります。秀英体は芥川賞をとった作品などにもよく使われている「新潮社の文芸」としておなじみの書体です。

夢眠　うーん……決めた。秀英体にします。読みやすいし、文字の連なりがこっちの方が好きです。

秀英明朝	夢眠ねむは本が好き
イワタ明朝体オールド	夢眠ねむは本が好き

二宮　ではこの書体で、「指定書」というレイアウトの設計図を作って、

入稿（印刷所に原稿を入れること）して、ゲラ（試し刷り）を用意しますね。ＷＥＢの連載では横組でしたが、本では縦組になります。縦組になると同じことが書いてあっても全く印象が変わりますよ。

たぬきゅんスタンプ大量生産

～事前打ち合わせから2週間後～

二宮　さて、束見本が出来上がりました。今回は２種類作りました。比べてみてどうですか？

夢眠　重さが全然違う。

二宮　中の紙の種類が違います。重い方はｂ７ナチュラルという紙です。カラー写真がすごく綺麗に印刷されるのですが……

夢眠　ちょっと固くてめくりづらいですね。それとちょっと白っぽい。

二宮　最初にこの束見本を作って、あまりしっくりこなかったので、別の紙でもうひとつ作りました。それがこちらの柔らかくてクリーム色の方です。オペラクリアマックスという紙を使ってます。これは書籍の本文紙によく使われる紙で、写真も綺麗に印刷できます。

夢眠　こっちの方がいいですね。軽くてめくりやすい。しっくりきました。

黒田　ちなみに束見本は製本所で手作りされています。単行本は一点一点スペックが異なるので、こうやって束見本を作って確かめるんです。実際に手に取って開いてみて、思ってた感じと違う、ということはよくあります。

二宮　では、カバー製作にとりかかりましょう。まずは「たぬきゅん蔵書印」ですね。判子、こんな感じに出来上がりましたよ。

夢眠　わー、かわいい！

二宮　これをいろんな紙に押して、一番好きな印影を選びましょう。押す紙によって印影が変わってきますので、7種類紙を用意しました。まずはNTラシャという紙ですね。本の表紙や見返しなどにもよく使う紙です。

夢眠　押します。（ぽんぽん、バン！）おー！　かわいい！　押す力で印影が変わりますね。強く押した方がかわいいかな。（ぽんぽん、バン！）あ、でも弱く押したのもかすれ感がいいですね。色々押してみよう。

黒田　ちなみにこの判子に「夢眠書店蔵書」という6文字がありますが、新潮社から刊行されるものは全て校閲が目を通すという決まりですので、ちゃんとこの判子も校閲を通してます。しっかり校閲チェック済みの印がついていますね。

夢眠　すごい！　たった6文字なのに。徹底してますね。

二宮　次はタントという紙です。（ぽんぽん、バン！）次はもっと粗い、マーメイドという紙です。（ぽんぽん、バン！）スケッチブックも用意しました。

夢眠　次から次に紙が出てくる。ひー。（ぽんぽん、バン！）たぬきゅん大量生産……。

二宮　最後に普通のコピー用紙にも押してみましょう。

夢眠　意外とこれが一番よかったりして。（ぽんぽん、バン！）お、意外といい！　くっきりしてる。

二宮　いいですね。細かいところのニュアンスが良く出てますね。かすれも絶妙に出ていていいですね。せっかく世界堂でいろんな紙を用意したのにコピー用紙が一番か！（笑）

夢眠　最初に押したやつも、あらためて見るとすごくバランスが良い。

二宮　NTラシャですね。あまり大げさにザラついた紙よりも、実際のカバーにつかう紙に近い質感の方がよかったみたいですね。ではこれをスキャンして、カバーにデザインしてみましょう。では、デザインソフトのIllustratorを使いますよ。

夢眠　はーい。

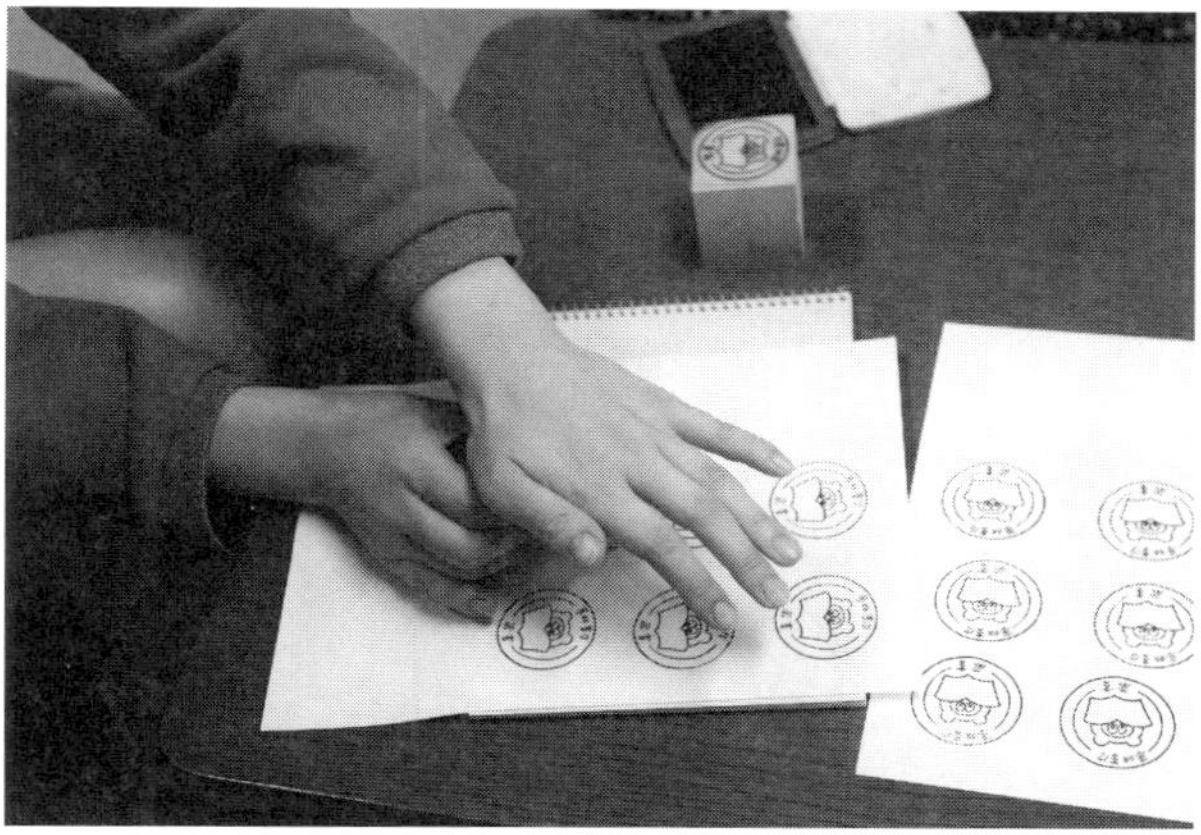

モニター画面と紙とでは印象が変わる

二宮　ではさっそく、スキャンした判子の印影と、ねむさんにｉＰａｄで書いてきてもらった題字と著者名も取り込みますね。おー、綺麗に書いてある。上手！

黒田　もう少し小さく書いた方がいいかな。実際の大きさよりもかなり大きく書いているので、縮小すると手書きに見えないかもしれない……。

夢眠　じゃあこの場で書き直しますね。ｉＰａｄもってきてるので。

（3分で書き終わる夢眠ねむ）

夢眠　できました！　イワタ明朝体オールドをお手本に書きました。

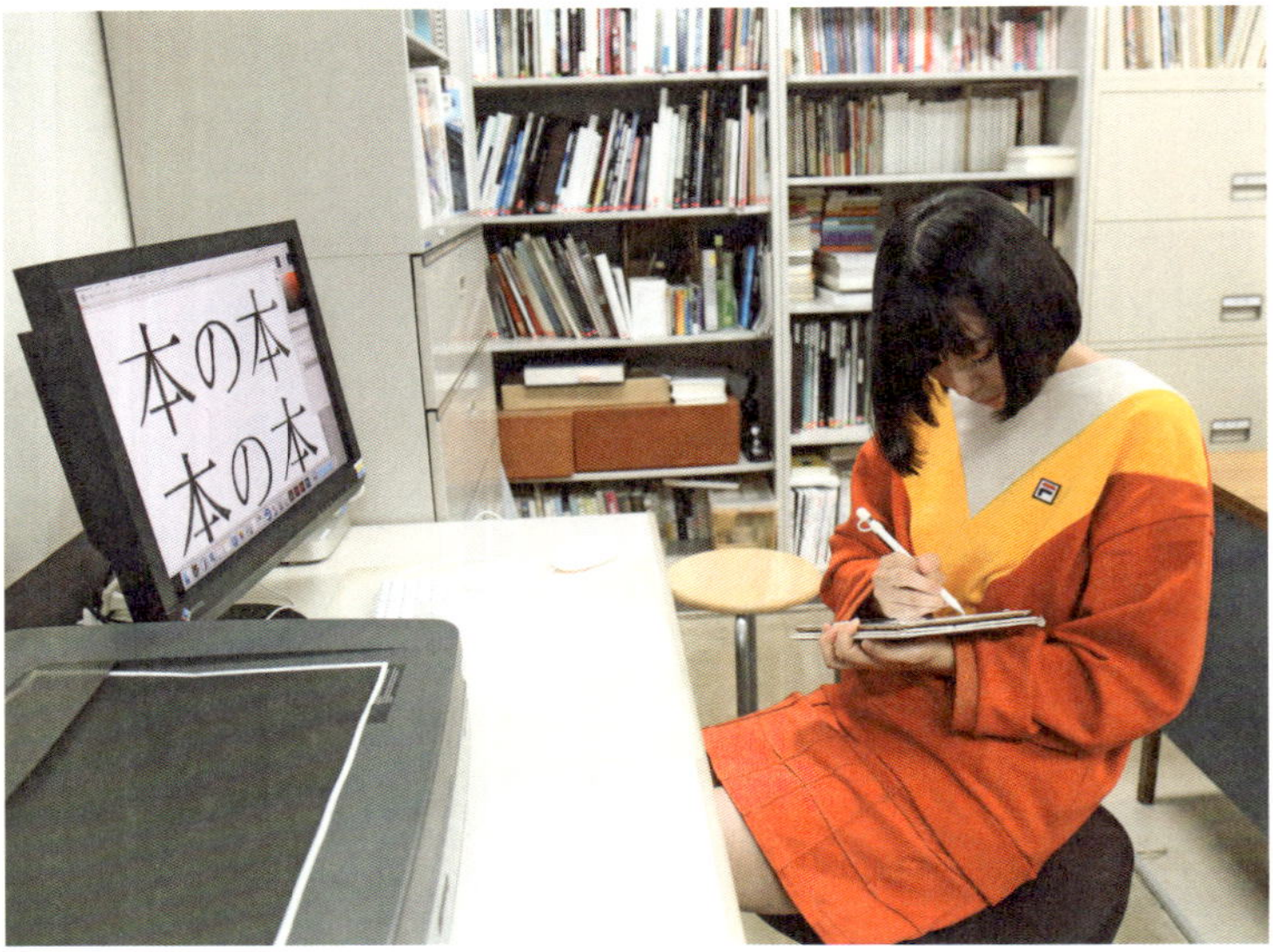

黒田　素晴らしいです。ありがとうございます。ではこの題字を配置して、判子のデータを調整しましょう。元のスキャンデータはヌルリとしてますが、フィルター効果をかけて、色調を調整すると、判子らしく仕上がりがガサリとしますよ。こんな感じです。

夢眠　「ガサリ」と「ヌルリ」……擬態語が一番伝わりますね。「ガサリ」にしましょう。

（黙々とPCで調整・レイアウト作業）

夢眠　サブタイトルと著者名で「夢眠」が二回くるのが気になるので、タイトルは手書き、サブタイトルはフォント、著者名は手書きにしたいです。

二宮　バランスが良くなりましたね。

夢眠　あとたぬきゅんスタンプを、ち

ょっと斜めにして外側に……そうそう。

二宮　実際に本に押したような感じになりますね。では、これで一度プリントアウトして束見本に巻いてみましょう。

夢眠　モニター画面で見るのと印刷して手に持って見るのとでは、印象が変わりますね。ちょっとスミ（黒色）が重たく感じるかも……。

二宮　では、色をもう少し調整して、ザラザラ度ももう少し上げて調整してみますね。もう一度出力して比べてみましょう。

夢眠　おお！　めっちゃいい！　いいですね！　いい感じになりました。判子の感じもすごく出ました。やったあ、完成です!!

二宮　良い装幀ができましたね。

本の装幀はとっても大事

夢眠　私、よく本をジャケ買い・装幀買いするんですけど、装幀って本当に大事ですよね。中身に興味あっても装幀がダサかったら買う手がのびないというか……。その本を手に取ってもらえるかどうかが装幀のセンスにかかってますよね。

二宮　そうですね。手に取ってもらうためにいろんな工夫をします。本の内容に近づけることもあれば、敢えて内容と離れた装幀にしてみたり。書店には本当にすごい量の本があるので、そのなかで立ち止まって手をのばしてもらうために。

夢眠　普段はどういう順番で装幀を決めるんですか？

二宮　人によってそれぞれだと思いますが、私はまず原稿を読み込みます。読んでイメージを膨らませて、それにぴったりのイラストレーターの方を考えて、何を描いてもらうか考えます。

夢眠　誰に描いてもらうかは装幀の人が考えるんですね。作家さんの希望かと思ってました。

二宮　もちろん作家さんの希望があることもたまにありますが、そうじゃないことの方が多いですね。いくつかの方向性を考えて、編集者にプレゼンして、という感じです。

夢眠　1冊の本にひとり装幀担当がいるんですよね？　何冊くらい担当するんですか？

二宮　はい。ひと月に4冊くらいかな。部長の黒田とか、多い人は7冊くらいのときもあります。

黒田　それがだいたい4か月単位で同時に動くので、常に20冊くらい抱えてる感じです。

夢眠　ぎょえー。部長なのにめっちゃ働いてる（笑）。じゃあ単行本の文庫化の場合はデザインがもうあるからラクできますね。

二宮　そうでもないです。そのまま単行本のデザインを踏襲することは実はあまりなくて、単行本と文庫で読者層も違ったりするので、全く新しいデザインにすることが多いです。デザインを踏襲する場合でもサイズが違うと見え方も異なるので、それにあわせて調整をします。

夢眠　手抜きはできないんですね……。帯も装幀部が作るんですか？

二宮　そうです。キャッチコピーは編集者が作ります。帯は販促上重要なので、何パターンか作って会議で決めます。

夢眠　二宮さんはもともと本がお好きでこの仕事につきたいと思ったんですか？

二宮　えっとね、私は絵が好きなんです。イラストレーションが好きなんですね。入社して最初は別の部署にいたんですが、イラストレーターの知り合いも多かったので、こういうイラストレーションを使った装幀の本があるといいなと思って装幀部にイラストレーターを紹介したりしているうちに、こちらに異動になりました。

夢眠　でも、最初に新潮社に入ったきっかけは本が好きだからじゃないんですか？

二宮　うーん、普通？　そんなに好きってわけでは……。小さい頃から文学少女ってわけではなかったですよ。けど、本という形が好きで、調べ物とかするときはネットよりも本を集めて調べます。

夢眠　それ、本好きですから！（笑）自分が本好きだという自覚が無いんですね!?

二宮　今回、一緒に装幀を作りながら、夢眠さんは本当に本が好きなんだなって感じまし

本の本

た。本のいろいろな細かいところにまで愛を持って接している感じがしました。

夢眠　ひゃあ、ありがとうございます!!

夢眠ねむが本と読者をつなぐ装幀になる

夢眠　最後に夢眠書店へのアドバイスをお願いします。

二宮　ぜひ素敵な装幀の本をたくさん並べて欲しいですね。夢眠さんのセンスに共鳴する装幀の本、夢眠さんが気になって立ち止まって手に取った本には、きっと装幀家の思いが込められていると思います。

夢眠　本の中身を読んでもらうためには、まず手に取ってもらわないと。そう思うと装幀って本当に大事ですね。本を読者に届ける第一歩。

二宮　この本を読んで夢眠さんのファンになる人や、夢眠さんのセンスで選んだ本が気になる人が増えると思うので、夢眠書店は繁盛すると思いますよ。

夢眠　私が本の装幀みたいにみんなに立ち止まって手に取ってもらえる存在になればいいわけですね。今日は本当にありがとうございました。装幀家になりたいという夢が、ちょっと叶いました。とても楽しかったです。

今回の感想

「夢眠書店開店日記」を本にするにあたり、「どんな人が手に取ってくれるかな？」「重さはどうかな」「触り心地は……」など、考え抜いて作った本が、あなたがいま買ってくれて、読んでくれている本なんです！　ジャーン!!（笑）

もちろん本は「内容＝文章」が大切だけれど、装幀が担う部分だってすごく大切。装幀と内容がちぐはぐでも変だし、どう思われたいか？　どんな人に好かれたいか？　装幀はまさに本のお洋服です。『本の本』は、かっこよくて賢い、だけどちょっぴりおちゃめな雰囲気を目指してみました。……いかがでしょうか？（笑）

あなたの本棚の、お気に入りの一冊になってくれたらうれしいです！

BLUE GIANT

本の本

おわりに

「夢眠書店開店日記」、無事、一冊の本となりました。ばんざーい、ばんざーい。

最初はただただ「本が好き！」「本屋をやりたい！」「紙の本も本屋もなくなるべからず!!」という気持ちだけで突っ走ってきましたが、取材を重ねるにつれ一冊の本に関わる人の多さに驚き、質量とは違う温かい重みを感じるようになりました。お忙しい中、取材を快く引き受けていただいた皆様、本当にありがとうございました!!　この場をかりて御礼申し上げます。小説も、漫画も、雑誌も……それぞれのプロがより良いものを読者に届けるために、日夜作り続けています。そして、本を流通させる人から、本屋という場所に展開し、我々の手元に届く……当たり前のことのようだけれど、どれかが欠けると成立しなくなってしまう。分かっていたつもりでも、思っていた以上のことをたくさん学んだ貴重な時間でした。

さて、私にとって「夢眠書店開店日記」は「本を出すことがゴール」、ではないのです。夢眠書店を開店しなければ、ゴールとは相成りません。まだまだ行きたいところもたくさんあります！　道半ば、ということで、まだまだ「夢眠書店開店日記」は続きます（ＷＥＢ連載も続きます！）。

この本を手に取ってくれたあなたが、実際に夢眠書店に本と出会いに来られるように。本に苦手意識がある方にも愛されるような書店を目指して。

まだまだ頑張りますので、これからも温かく見守っていてください。そして、無事開店したら、あなたのご来店を心よりお待ちしております!!

夢眠ねむ

本書は、WEBサイト「ほんのひきだし」掲載の「夢眠書店開店日記」に
書き下ろし分を加え、加筆・修正し、まとめたものです。
http://hon-hikidashi.jp/tag/bookstore-yumemi/
なお取材相手のプロフィール・肩書は、取材当時のものです。

〈取材日〉
第1話 2015年7月2日／第2話 2016年3月8日／第3話 2015年11月17日／
第4話 2015年10月26日／第5話 2017年2月18日／第6話 2015年8月3日／
第7話 2015年7月2日／第8話 2016年6月13日／第9話 2015年8月3日／
第10話 2015年8月3日／第11話 2016年1月22日／第12話 2016年11月14日／
第13話 2016年2月22日／第14話 2016年1月22日／第15話 2017年9月19日

本《ほん》の本《ほん》
夢眠書店《ゆめみしょてん》、はじめます

発　行　2017年11月30日

著　者　夢眠《ゆめみ》ねむ

発行者　佐藤隆信
発行所　株式会社新潮社
〒162-8711　東京都新宿区矢来町71
電話　編集部　03-3266-5611
　　　読者係　03-3266-5111
http://www.shinchosha.co.jp
印刷所　大日本印刷株式会社
製本所　大口製本印刷株式会社

乱丁・落丁本は、ご面倒ですが小社読者係宛お送り下さい。
送料小社負担にてお取替えいたします。
価格はカバーに表示してあります。
ISBN 978-4-10-351381-0 C0095